Christophe Colomb

Jules Verne

© 2024, Jules Verne (domaine public)
Édition : BoD · Books on Demand, 31 avenue Saint-Rémy,
57600 Forbach, bod@bod.fr
Impression : Libri Plureos GmbH, Friedensallee 273,
22763 Hamburg (Allemagne)
ISBN : 978-2-3224-7832-3
Dépôt légal : Décembre 2024

Vogue, courageux navigateur ! qu'importe que les critiques te raillent et que le gouvernail échappe à la main fatiguée du pilote ! Marche, marche vers l'occident ! c'est là que le rivage doit apparaître ! c'est là qu'il se montre déjà clairement à ton intelligence ! Fie-toi au Dieu qui te conduit, poursuis ta course sur l'Océan silencieux. Si le rivage n'était pas là, il surgirait du sein des ondes. La nature est alliée au génie par un pacte éternel : ce que le génie promet, la nature l'accomplit toujours.

(Friedrich Schiller)

Christophe Colomb

Chapitre I

1492 est un millésime célèbre dans les annales géographiques. C'est la date mémorable de la découverte de l'Amérique. Le génie d'un homme allait pour ainsi dire compléter le globe terrestre, en justifiant ce vers de Gagliuffi :

Unus erat mundus ; duo sint, ait iste : fuere.

L'ancien monde devait donc être chargé de l'éducation morale et politique du nouveau. Était-il à la hauteur de cette tâche, avec ses idées encore étroites, ses tendances à demi barbares, ses haines religieuses ? Les faits répondront d'eux-mêmes.

Entre cette année 1403, à la fin de laquelle Jean de Béthencourt venait de terminer sa colonisation des Canaries et l'année 1492, que s'était-il passé ? Nous allons le raconter en quelques lignes.

Un mouvement scientifique considérable, dû aux Arabes, qui allaient être bientôt chassés d'Espagne, s'était produit dans toute la péninsule. Dans tous les ports, mais surtout dans ceux du Portugal, on parlait de cette terre d'Afrique et des pays d'au delà des mers, si riches et si merveilleux. « Mille récits, dit Michelet, enflammaient la curiosité, la valeur et l'avarice ; on voulait voir ces mystérieuses contrées où la nature avait prodigué les monstres, où elle avait semé l'or à la surface de la terre. » Un jeune prince, l'infant dom Henri, duc de Viseu, troisième fils de Jean 1er, qui s'était adonné à l'étude de l'astronomie et de la géographie, exerça sur ses contemporains une influence considérable ; c'est à lui que le Portugal doit le développement de sa puissance coloniale, et ces expéditions répétées dont les récits enthousiastes et les résultats grandioses devaient enflammer l'imagination de Christophe Colomb.

Établi à la pointe méridionale de la province des Algarves, à Sagrès, d'où ses regards embrassaient l'immensité de l'Océan et semblaient y chercher quelque terre nouvelle, dom Henri fit bâtir un observatoire, créa un collège maritime où des savants traçaient des cartes plus correctes et enseignaient l'usage de la boussole, s'entoura de savants, et réunit de précieuses informations sur la possibilité de contourner l'Afrique et d'arriver aux Indes. Sans qu'il ait jamais pris part à aucune expédition maritime, ses encouragements, sa protection aux marins ont valu à dom Henri le surnom de *Navigateur*, sous lequel il est connu dans l'histoire.

Le cap Non, cette borne fatale des navigateurs antiques, avait été dépassé lorsqu'en 1418 deux gentilshommes de la cour du roi Henri, Juan Gonzalès Zarco et Tristam Vaz Teixeira, furent entraînés en pleine mer et jetés vers un îlot auquel ils donnèrent le nom de Puerto-Santo. Quelque temps après, naviguant vers un point noir qui restait fixe à l'horizon, ils atteignirent une île vaste et couverte de forêts magnifiques. C'était Madère.

En 1433, le cap Bojador, qui avait si longtemps arrêté les explorateurs, fut doublé par les Portugais Gillianès et Gonzalès Baldaya, qui voguèrent plus de quarante lieues au delà.

Enhardis par cet exemple, Antonio Gonzalès et Nuño Tristam s'avancèrent, en 1441, jusqu'au cap Blanc, sur le vingt et unième degré, « exploit, dit Faria y Souza, qui, dans l'opinion commune, n'est nullement au-dessous des plus glorieux travaux d'Hercule », et ils rapportèrent à Lisbonne une certaine quantité de poudre d'or produit du *Rio del Ouro*. Dans un second voyage, Tristam reconnut quelques-unes des îles du cap Vert et s'avança jusqu'à Sierra Leone. Pendant le cours de cette expédition, il avait acheté de trafiquants maures, à la côte de Guinée, une dizaine de nègres qu'il ramena à Lisbonne et dont il se défit à très-haut prix, car ils excitaient vivement la curiosité publique. Telle fut l'origine de la traite des noirs, qui, pendant quatre siècles, devait enlever à l'Afrique tant de millions de ses habitants, et devenir la honte de l'humanité.

En 1441, Cada Mosto doubla le cap Vert et explora une partie de la côte inférieure. Vers 1446, les Portugais, s'avançant plus loin en pleine mer que leurs devanciers, relevèrent l'archipel des Açores. Dès lors, toute crainte est bannie. On a franchi cette ligne redoutable où l'on croyait que l'air brûlait comme le feu, les expéditions se succèdent sans relâche, et chacune revient après avoir augmenté le nombre des régions découvertes. Il semblait que cette côte d'Afrique ne dût jamais finir. Plus on avançait dans le sud, plus ce cap tant cherché, cette extrémité du continent qu'il fallait doubler pour gagner la mer des Indes, semblait reculer !

Depuis quelque temps le roi Jean II avait ajouté à ses titres celui de seigneur de Guinée. Déjà, avec le Congo, on avait découvert un nouveau ciel et des étoiles inconnues, lorsque Diogo Cam, dans trois voyages successifs, porta la connaissance de l'Afrique plus loin que ne l'avaient fait ses prédécesseurs, et faillit ravir à Dias l'honneur d'avoir reconnu la pointe australe du continent. Le point extrême qu'il atteignit gît par 21° 50' sud. C'est le cap Cross, où il éleva, suivant la coutume, un *padrao* ou *padron*, c'est-à-dire une colonne commémorative qu'on a depuis retrouvée. À son retour, il visita le roi de Congo dans sa capitale et ramena à Lisbonne un ambassadeur nommé Caçuta, avec une suite nombreuse d'Africains, qui tous venaient s'y faire baptiser et instruire des dogmes de la foi qu'ils devaient propager à leur retour au Congo.

Peu de temps après le retour de Diogo Cam, au mois d'août 1487, trois caravelles sortirent du Tage, sous le commandement supérieur d'un chevalier de la maison du roi, nommé Bartholomeu Dias, vétéran des mers de Guinée. Il avait sous ses ordres un marin expérimenté, Joam Infante, et son propre frère, Pedro Dias, capitaine du plus petit des trois bâtiments, qui était chargé des vivres.

Nous ne possédons aucun détail sur la première partie de cette mémorable expédition. Nous savons seulement, d'après Joao de Barros, auquel il faut sans cesse recourir pour tout ce qui a trait aux navigations des Portugais, qu'au delà du Congo, il suivit la côte jusqu'au 29° parallèle, et atterrit à un mouillage qu'il nomma *das Voltas*, à cause des bordées qu'il lui fallut courir pour l'atteindre, et où il la laissa plus petite de ses caravelles sous la garde de neuf matelots. Après avoir été cinq jours durant retenu dans ce havre par le mauvais temps, Dias prit le large et piqua au sud ; mais il se vit ballotté pendant treize jours par la tempête.

Plus il s'enfonçait dans le sud, plus la température s'abaissait et devenait relativement rigoureuse. Enfin, la furie des éléments s'étant calmée, Dias mit le cap à l'est, où il comptait rencontrer la terre. Mais, au bout de quelques jours, étant par 42° 54' sud, il fit route au nord et vint mouiller à la baie *dos Vaqueiros*, ainsi nommée des troupeaux de bêtes à cornes et des bergers qui, de la plage, s'enfuirent dans l'intérieur à la vue des deux caravelles. À ce moment, Dias était à quarante lieues dans l'est du cap de Bonne-Espérance, qu'il avait doublé sans l'apercevoir. L'expédition fit de l'eau, gagna la baie *San-Braz* (Saint Biaise, aujourd'hui Mossel-Bay) et remonta la côte jusqu'à la baie *de l'Algua* et à une île *da Cruz*, où fut élevé un *padrao*. Mais là, les équipages, abattus par les dangers qu'ils venaient d'affronter, épuisés par la mauvaise qualité et la rareté des vivres, déclarèrent ne vouloir aller plus loin. « D'ailleurs, disaient-ils, puisque la côte court maintenant à l'est, il est bon d'aller reconnaître ce cap qu'on a doublé sans le savoir. »

Dias réunit le conseil et obtint qu'on remonterait encore dans le nord-est pendant deux ou trois jours. C'est grâce à sa fermeté qu'il put atteindre, à vingt-cinq lieues de *da Cruz*, une rivière qu'il appela, du nom de son second, *Rio Infante*. Mais, devant le refus des équipages de se porter plus loin, force fut à Dias de reprendre la route de l'Europe.

« Lorsqu'il se sépara, dit Barros, du pilier qu'il avait élevé en ce lieu, ce fut avec un tel sentiment d'amertume, une telle douleur, qu'on eût dit qu'il laissait un fils exilé à jamais, surtout quand il venait à se représenter combien de périls lui et tous ses gens avaient courus, de quelle région lointaine il leur avait fallu venir, uniquement pour y planter cette borne, puisque Dieu ne leur avait pas accordé le principal. »

Enfin ils découvrirent ce grand cap, « caché pendant tant de centaines d'années, et que le navigateur, avec ses compagnons, nomma le Cap des Tourmentes (*o Cabo Tormentoso*), en souvenir des périls et des tempêtes qu'il leur avait fallu essuyer avant de le doubler. »

Avec cette intuition qui est l'apanage des hommes de génie, Jean II substitua à ce nom de cap des Tourmentes celui de cap de Bonne-Espérance. Pour lui, la route des Indes était dès lors ouverte, et ses vastes projets pour l'extension du commerce et de l'influence de sa patrie allaient pouvoir se réaliser.

Le 24 août 1488, Dias rentrait à Angra das Voltas. Des neuf hommes qu'il y avait laissés, six étaient morts ; un septième périt de joie en revoyant ses compatriotes. Le retour s'effectua sans incidents dignes de remarque. Après une relâche à la côte de Bénin, où l'on fit la traite, et à La Mina, où l'on reçut du gouverneur l'argent provenant du commerce de la colonie, l'expédition ralliait le Portugal dans le courant de décembre 1488.

Chose étonnante ! Dias non-seulement n'obtint aucune récompense pour ce hardi voyage couronné de succès, mais il paraît avoir été disgracié, car on ne le voit pas employé pendant une dizaine d'années. Bien plus, le commandement de l'expédition chargée de doubler le cap qu'il avait découvert fut donné à Vasco da Gama, et Dias ne fit que l'accompagner en sous-ordre jusqu'à La Mina. Il put entendre le récit de la merveilleuse campagne de son heureux émule dans l'Inde et juger de l'immense influence qu'un tel événement exercerait sur les destinées de sa patrie.

Il faisait partie de cette expédition de Cabral qui découvrit le Brésil ; mais il n'eut même pas la joie de contempler les rivages dont il avait montré le chemin. À peine la flotte venait-elle de quitter la terre américaine, qu'une horrible tempête s'éleva. Quatre bâtiments sombrèrent, et, parmi eux, celui que Dias commandait. C'est pour faire allusion à cette fin tragique, que Camoëns met dans la bouche d'Adamastor, le génie du cap des Tempêtes, cette sombre prédiction : « Je ferai un exemple terrible de la première flotte qui passera près de ces rochers, et je signalerai ma vengeance sur celui qui, le premier, m'est venu braver dans ma demeure. »

En somme, ce ne fut qu'en 1497, soit cinq ans après la découverte de l'Amérique, que la pointe australe de l'Afrique fût doublée par Vasco da Gama. On peut donc affirmer que si ce dernier eût précédé Colomb, la découverte du nouveau continent aurait vraisemblablement été retardée de plusieurs siècles.

En effet, les navigateurs de cette époque se montraient fort timorés ; ils n'osaient s'écarter en plein Océan ; peu soucieux de braver des mers inconnues, ils suivaient prudemment la côte africaine sans jamais s'en éloigner. Si donc le cap des Tempêtes eût été doublé, les marins auraient pris l'habitude de se rendre aux Indes par cette voie, et aucun d'eux n'eût songé à gagner le « Pays des Épices, » c'est-à-dire l'Asie, en s'aventurant à travers l'Atlantique. À qui, en effet, serait il venu la pensée de chercher l'Orient par les routes de l'Occident ?

Or, précisément et par ces motifs, cette idée était à l'ordre du jour. « Le principal objet des entreprises maritimes des Portugais au quinzième siècle, dit Cooley, était la recherche d'un passage aux Indes par l'Océan. » Les plus savants n'allaient pas jusqu'à supposer l'existence d'un nouveau continent par des raisons d'équilibre et de pondération du globe terrestre. Nous dirons plus. Quelques parties de ce continent américain avaient été réellement découvertes. Un navigateur italien, Sébastien Cabot, en 1487, aurait atterri sur un point du Labrador. Les Normands scandinaves avaient certainement débarqué sur ces côtes inconnues. Les colons du Groënland avaient exploré la terre de Vinland. Mais telle était la disposition des esprits à cette époque, telle était l'improbabilité de l'existence d'un monde nouveau, que ce Groënland, ce

Vinland, ce Labrador n'étaient considérés que comme un prolongement des terres européennes.

Les navigateurs du quinzième siècle ne cherchaient donc qu'à établir des communications plus faciles avec les rivages de l'Asie. En effet, la route des Indes, de la Chine et du Japon, contrées déjà connues par les merveilleux récits de Marco Polo, cette route qui traversait l'Asie Mineure, la Perse, la Tartarie, était longue et périlleuse. D'ailleurs, ces « voies terrestres » ne peuvent jamais devenir commerçantes ; les transports y sont trop difficiles et trop coûteux. Il fallait trouver une communication plus pratique. Aussi tous les peuples du littoral européen, depuis l'Angleterre jusqu'à l'Espagne, toutes les populations riveraines de la Méditerranée, voyant les grands chemins de l'Atlantique ouverts devant leurs vaisseaux, devaient se demander et se demandaient en effet s'ils ne conduisaient pas aux rivages de l'Asie.

La sphéricité de la terre étant démontrée, ce raisonnement était juste. En gagnant toujours vers l'ouest, on devait nécessairement arriver à l'est. Quant à la route à travers l'Océan, elle ne pouvait manquer d'être libre. En effet, qui eût jamais soupçonné l'existence de cet obstacle, long de trois mille deux cent cinquante lieues, jeté entre l'Europe et l'Asie, et qui s'est appelé l'Amérique ?

Il faut observer, d'ailleurs, que les savants du moyen âge ne croyaient pas que les rivages de l'Asie fussent situés à plus de deux mille lieues des rivages de l'Europe. Aristote supposait le globe terrestre plus petit qu'il n'est réellement. « Combien y a-t-il depuis les derniers rivages de l'Espagne jusqu'à l'Inde ? disait Sénèque. L'espace de très-peu de jours, si le vent est favorable au vaisseau. » C'était aussi l'opinion de Strabon. Cette route entre l'Europe et l'Asie devait être courte. De plus, des points de relâche tels que les Açores et ces îles Antilia dont on admettait l'existence, au quinzième siècle, entre l'Europe et l'Asie, devaient assurer la facilité des communications transocéaniennes.

On peut donc affirmer que cette erreur de distance, si généralement accréditée, eut cela d'heureux qu'elle engagea les navigateurs de cette époque à tenter la traversée de l'Atlantique. S'ils eussent connu la distance véritable qui sépare l'Europe de l'Asie, soit cinq mille lieues, ils ne se seraient pas aventurés sur les mers de l'ouest.

Il faut dire que quelques faits donnaient, ou plutôt semblaient donner raison aux partisans d'Aristote et de Strabon qui croyaient à la proximité des rivages orientaux. Ainsi, un pilote du roi de Portugal, naviguant à quatre cent cinquante lieues au large du cap Saint-Vincent, situé à la pointe des Algarves, trouva une pièce de bois ornée de sculptures anciennes, qui ne pouvait provenir que d'un continent peu éloigné. Près de Madère, des pêcheurs avaient rencontré une poutre sculptée et de longs bambous qui par leur forme rappelaient ceux de la péninsule indienne. De plus, les habitants des Açores ramassaient souvent sur leurs plages des pins gigantesques d'une essence inconnue, et ils recueillirent un jour deux corps humains, « cadavres à large face, dit le chroniqueur Herrera, et ne ressemblant pas à des chrétiens. »

Ces divers faits mettaient donc les imaginations en émoi. Comme on ignorait, au quinzième siècle, l'existence de ce Gulf-Stream, qui, en se rapprochant des côtes européennes, leur apporte des épaves américaines, on était fondé à attribuer à ces débris une origine purement asiatique. Donc, l'Asie n'était pas éloignée de l'Europe, et les communications entre ces deux extrêmes du vieux continent devaient être faciles.

Ainsi, aucun géographe du temps ne pensait qu'il pût exister un nouveau monde ; c'est ce qu'il importe d'établir catégoriquement. Il n'était même pas question, en cherchant cette route de l'ouest, d'étendre les connaissances géographiques. Non : ce furent des commerçants qui se mirent à la tête de ce mouvement et qui préconisèrent cette traversée de l'Atlantique. Ils ne pensaient qu'à trafiquer, et à le faire par le plus court chemin.

Il faut ajouter que la boussole, inventée, suivant l'opinion la plus générale, vers 1302, par un certain Flavio Gioja d'Amalfi, permettait alors aux bâtiments de s'éloigner des côtes et de se diriger hors de la vue de toutes terres. De plus, Martin Behaim et deux médecins de Henri de Portugal avaient trouvé le moyen de se guider sur la hauteur du soleil et d'appliquer l'astrolabe aux besoins de la navigation.

Ces facilités admises, la question commerciale de la route de l'ouest se traitait donc journellement en Espagne, en Portugal, en Italie, pays où la science est faite d'imagination pour les trois quarts. On discutait et on écrivait. Les commerçants, surexcités, mettaient les savants aux prises. Un groupe de faits, de systèmes, de doctrines, se formait. Il était temps qu'une seule intelligence vînt les résumer en elle et se les assimiler. C'est ce qui arriva. Toutes ces idées éparses finirent par s'accumuler dans la tête d'un homme, qui eut, à un degré rare, le génie de la persévérance et de l'audace.

Cet homme, ce fut Christophe Colomb, né vraisemblablement près de Gênes, vers 1436. Nous disons « vraisemblablement », car les villages de Cogoreo, de Nervi, réclament avec Savone et Gênes l'honneur de l'avoir vu naître. Quant à l'année exacte de la naissance de cet illustre navigateur, elle varie, suivant les commentateurs, de 1430 à 1445 ; mais l'an 1436 paraît s'accorder plus exactement avec les documents les moins discutables.

La famille de Christophe Colomb était d'humble condition. Son père, Dominique Colomb, fabricant de lainages, jouissait cependant d'une certaine aisance, qui lui permit de donner à ses enfants une éducation plus qu'ordinaire. Le jeune Colomb, l'aîné de la famille, fut envoyé à l'université de Pavie, afin d'y apprendre la grammaire, la langue latine, la géographie, l'astronomie et la navigation.

A quatorze ans, Christophe Colomb quitta les bancs de l'école pour le pont d'un navire, et il faut avouer que, depuis cette époque jusqu'en 1487, cette période de sa vie est demeurée très-obscure. Citons même à ce propos cette opinion de Humboldt, rapportée par M. Charton, dont le regret augmente « touchant cette incertitude relative à Colomb, quand il se rappelle tout ce que les chroniqueurs ont conservé minutieusement sur la vie du chien Becerillo ou sur l'éléphant Aboulababat, que Aaroun-al-Raschyd envoya à Charlemagne ! »

Ce qui parait le plus probable, à s'en rapporter aux documents du temps et aux écrits de Colomb lui-même, c'est que le jeune voyageur visita le Levant, l'Occident, le Nord, plusieurs fois l'Angleterre, le Portugal, la côte de Guinée, les îles africaines, peut-être même le Groënland, ayant, à l'âge de quarante ans, « navigué tout ce qui avait été navigué jusqu'à lui ».

Christophe Colomb était devenu un bon marin. Sa réputation bien établie le fit choisir pour commander les galères génoises à l'époque de la guerre de la république avec Venise. Le nouveau capitaine fit ensuite une expédition sur les côtes barbaresques pour le compte du roi

René d'Anjou, et enfin, en 1477, il alla reconnaître les terres enfermées au delà des glaces de l'Islande.

Ce voyage heureusement terminé, Christophe Colomb revint à Lisbonne, où il avait fixé sa demeure. Là, il épousa la fille d'un gentilhomme italien, Bartholomeo Muniz Perestrello, marin comme lui et fort lancé dans le courant des idées géographiques. Sa femme, dona Felipa, était sans fortune ; lui n'avait rien ; il fallut donc travailler pour vivre. Le futur découvreur du nouveau monde se mit à fabriquer des livres à images, des globes terrestres, des cartes géographiques, des plans nautiques, et cela jusqu'en 1484, mais sans abandonner ses travaux scientifiques et littéraires. Il est même probable que pendant cette période il refit toutes ses études, et qu'il parvint à acquérir une instruction très-supérieure à celle des marins de son temps.

Fut-ce à cette époque que « la grande idée » germa pour la première fois dans son esprit ? on peut le supposer. Christophe Colomb suivait assidûment les discussions relatives aux routes de l'ouest et à la facilité des communications par l'Occident entre l'Europe et l'Asie. Sa correspondance prouve qu'il partageait l'opinion d'Aristote sur la distance relativement courte qui séparait les rivages extrêmes de l'ancien continent. Il écrivait fréquemment aux savants les plus distingués de son temps, à ce Martin Behaim dont nous avons déjà parlé, au célèbre astronome florentin Toscanelli, dont les opinions ne furent pas sans influencer celles de Christophe Colomb.

A cette époque, suivant le portrait qu'en donne son historien Washington Irving, Christophe Colomb était un homme de haute taille, robuste et noble de maintien. Il avait le visage long, le nez aquilin, les os de la joue saillants, les yeux clairs et pleins de feu, le teint vif et parsemé de quelques rousseurs. C'était un chrétien profondément convaincu, qui remplissait avec une foi sincère les devoirs de la religion catholique.

A l'époque où Christophe Colomb était en relation avec l'astronome Toscanelli, il apprit que celui-ci, à la demande d'Alphonse V, roi de Portugal, avait remis au roi un mémoire approfondi sur la possibilité de gagner les Indes par les routes de l'ouest. Colomb, consulté, appuya de toute son autorité les idées de Toscanelli favorables à cette tentative. Mais cette ouverture n'eut aucun résultat, parce que le roi de Portugal, détourné de ce projet par ses guerres avec l'Espagne, mourut sans avoir pu porter son attention vers les découvertes maritimes.

Son successeur, Jean II, adopta avec enthousiasme les plans combinés de Colomb et de Toscanelli. Toutefois, avec une fourberie qu'il faut dénoncer, il chercha à dépouiller ces deux savants du bénéfice de leur proposition, et, sans les prévenir, il fit partir une caravelle pour tenter cette grande entreprise et atteindre la Chine en traversant l'Atlantique. Mais il comptait sans l'inexpérience de ses pilotes, sans la tempête qui se déclara contre eux, et, quelques jours après leur départ, un ouragan ramenait à Lisbonne les marins du roi de Portugal.

Christophe Colomb, blessé justement de cet acte d'indélicatesse, comprit qu'il ne pouvait plus compter sur ce roi qui l'avait indignement trahi. Devenu veuf, il quitta l'Espagne avec son fils Diégo vers la fin de l'année 1484. On croit qu'il se rendit à Gênes, puis à Venise, où ses projets de navigation transocéanienne furent assez mal accueillis.

Quoi qu'il en soit, on le retrouve en Espagne pendant le courant de l'année 1485. Le pauvre grand homme était sans ressources. Il voyageait à pied, portant dans ses bras son petit Diégo, âgé de dix ans. Mais, depuis cette période de sa vie, l'histoire le suit pas à pas, elle ne le perd plus de vue, et elle va conserver à la postérité les moindres incidents de cette grande existence.

Christophe Colomb se trouvait alors en Andalousie, à une demi-lieue du port de Palos. Dénué de tout, mourant de faim, il alla frapper à la porte d'un couvent de franciscains dédié à santa Maria de Rabida, et il demanda l'aumône d'un peu de pain et d'eau pour son pauvre enfant et pour lui.

Le gardien du couvent, Juan Perez de Marchena, accorda l'hospitalité à l'infortuné voyageur. Il l'interrogea. Surpris de la noblesse de son langage, ce bon père fut encore plus émerveillé de la hardiesse de ses idées, car Christophe Colomb lui fit connaître ses aspirations. Pendant plusieurs mois, le marin errant demeura dans ce couvent hospitalier. De savants moines s'intéressèrent à lui et à ses projets. Ils étudièrent ses plans ; ils se renseignèrent auprès des navigateurs en renom, et, il faut le noter, ils furent les premiers à croire au génie de Christophe Colomb. Juan Perez fit plus ; il offrit au père de se charger de l'éducation de son fils, et il lui donna une pressante lettre de recommandation pour le confesseur de la reine de Castille.

Ce confesseur, prieur du monastère de Prado, jouissait de toute la confiance de Ferdinand et d'Isabelle ; mais il ne sut admettre les projets du navigateur génois, et il ne le servit en aucune façon auprès de sa royale pénitente.

Christophe Colomb dut encore se résigner et attendre. Il se fixa donc à Cordoue, où la cour devait se transporter, et, pour vivre, il reprit son métier d'imagier. Pourrait-on citer dans l'histoire des hommes illustres une existence plus malmenée que celle du grand navigateur ? La fortune pouvait-elle frapper à coups plus redoublés ? Mais cet homme de génie, indomptable, infatigable, se relevant sous les épreuves, ne désespérait pas. Il avait le feu sacré, il travaillait toujours, visitant les personnages influents, répandant et défendant ses idées, combattant sans cesse avec l'énergie la plus héroïque. Enfin il finit par obtenir la protection du grand cardinal, archevêque de Tolède, Pedro Gonzalès de Mendoza, et grâce à lui il fut admis en présence du roi et de la reine d'Espagne.

Christophe Colomb dut croire alors qu'il touchait au terme de ses tribulations. Ferdinand et Isabelle accueillirent favorablement son projet, qui fut soumis à l'examen d'un concile de savants, de prélats et de religieux réunis *ad hoc* dans un couvent dominicain de Salamanque.

Mais le malheureux solliciteur n'était pas au bout de ses vicissitudes. Dans cette assemblée, il trouva tous ses juges contre lui. En effet, ses idées touchaient aux questions religieuses, si passionnées pendant le quinzième siècle. Les Pères de l'Église avaient nié la sphéricité de la terre, et, par conséquent, puisque la terre n'était pas ronde, un voyage de circumnavigation devenait absolument contradictoire avec les textes de la Bible et ne pouvait être logiquement entrepris. « D'ailleurs, disaient ces théologiens, si l'on parvenait jamais à descendre dans l'autre hémisphère, comment pourrait-on remonter dans celui-ci ?

C'était là une argumentation très-sérieuse pour l'époque. Aussi Christophe Colomb fut-il presque accusé du plus impardonnable des crimes dans ces pays intolérants, c'est-à-dire du crime d'hérésie. Il put échapper aux mauvaises dispositions du concile, mais l'étude de son projet fut encore ajournée.

De longues années s'écoulèrent. Le pauvre homme de génie, désespérant de réussir en Espagne, envoya son frère au roi d'Angleterre, Henri VII, afin de lui offrir ses services. Probablement le roi ne répondit pas.

Christophe Colomb se retourna alors avec une nouvelle insistance vers Ferdinand. Mais celui-ci était alors engagé dans sa guerre d'extermination contre les Maures et ce ne fut qu'en 1492, après les avoir chassés d'Espagne, qu'il prêta de nouveau l'oreille aux paroles du Génois.

L'affaire, cette fois, fut mûrement examinée. Le roi consentit à tenter l'entreprise. Mais, comme il convient aux âmes fières, Christophe Colomb voulut imposer ses conditions. On marchanda celui qui devait enrichir l'Espagne ! Colomb, indigné, allait sans doute et pour jamais quitter cet ingrat pays ; mais Isabelle, émue à la pensée de ces infidèles de l'Asie qu'elle espérait convertir à la foi catholique, fit rappeler le célèbre navigateur et accéda à toutes ses demandes.

Ce fut donc dix-huit ans seulement après qu'il eut conçu son projet, et sept ans après avoir quitté le monastère de Palos, que Colomb, alors dans sa cinquante-sixième année, signa à Santa-Feta, le 17 avril 1492, un traité avec le roi d'Espagne.

Par convention solennelle, l'office de grand amiral fut attribué à Christophe Colomb dans toutes les terres qu'il pourrait découvrir. Cette dignité devait passer à ses héritiers et successeurs à perpétuité. Christophe Colomb était nommé vice-roi et gouverneur des possessions nouvelles qu'il espérait conquérir dans cette riche contrée de l'Asie. Un dixième des perles, pierres précieuses, or, argent, épices, et toutes denrées et marchandises quelconques, obtenus de quelque manière que ce peut être dans les limites de sa juridiction, devait lui appartenir en propre.

Tout était conclu, et Christophe Colomb allait mettre enfin ses projets à exécution. Mais, répétons-le, il ne pensait pas à rencontrer ce nouveau monde dont il ne soupçonnait en aucune façon l'existence. Il ne voulait que « chercher l'orient par l'occident, et passer par la voie de l'ouest à la terre où naissent les épiceries. » On peut même certifier que Colomb est mort dans cette croyance qu'il avait atteint les rivages de l'Asie et sans avoir jamais su qu'il eut découvert l'Amérique. Mais ceci ne diminue aucunement sa gloire. La rencontre du nouveau continent ne fut qu'un hasard. Ce qui assure à Colomb une immortelle renommée, c'est ce génie audacieux qui le poussa à braver les dangers d'un océan nouveau, à s'éloigner de ces rivages dont les navigateurs n'avaient osé s'écarter jusqu'alors, à s'aventurer sur ces flots avec les fragiles bâtiments de cette époque, que la première tempête pouvait engloutir, à se lancer, enfin, dans le sombre inconnu des mers. Christophe Colomb commença ses préparatifs. Il s'entendit avec de riches navigateurs de Palos, les trois frères Pinzon, qui firent les avances nécessaires pour compléter les frais d'armement.

Trois caravelles furent équipées dans le port de Palos. Elles se nommaient la *Gallega,* la *Nina* et la *Pinta.* La *Gallega* devait être montée par Colomb, et il la baptisa du nom de *Santa-Maria.* La *Pinta* était commandée par Martin-Alonzo Pinzon, et la *Nina* par François-Martin et Vincent-Yanez Pinzon, ses deux frères. Les équipages furent difficiles à former, les matelots s'effrayant de l'entreprise. Cependant, on parvint à réunir un effectif de cent vingt hommes.

Le vendredi 3 août 1492, l'Amiral, franchissant à huit heures du matin la barre de Saltes, située au large de la ville d'Huelva, en Andalousie, s'aventura avec ses trois caravelles à demi pontées sur les flots de l'Atlantique.

Chapitre II

Pendant la première journée de son voyage, l'Amiral — c'est le titre sous lequel les relations le désignent, — l'Amiral, portant droit au sud, fit quinze lieues avant le coucher du soleil. Donnant alors la route au sud-est, il mit le cap sur les Canaries, afin d'y réparer la *Pinta* dont le gouvernail s'était démonté, peut-être par le mauvais vouloir du timonier, que le voyage effrayait. Dix jours plus tard, Christophe Colomb mouillait devant la Grande-Canarie, où il réparait l'avarie de la caravelle. Dix-neuf jours après, il jetait l'ancre devant Gomère, dont les habitants lui confirmèrent l'existence « l'une terre inconnue dans l'ouest de l'archipel.

Christophe Colomb ne quitta pas cette île avant le 6 septembre. Il avait reçu avis que trois navires portugais l'attendaient au large avec l'intention de lui couper la route. Mais, sans tenir compte de cet avertissement, il mit à la voile, évita habilement la rencontre de ses ennemis, donna la direction exactement à l'ouest, et perdit enfin toute terre de vue.

Pendant le cours de son voyage, l'Amiral eut le soin de cacher à ses compagnons la véritable distance du chemin parcouru chaque jour ; il l'amoindrissait sur ses relevés quotidiens, afin de ne pas effrayer davantage ses matelots, en leur faisant connaître l'éloignement réel des terres de l'Europe. Chaque jour aussi, il observait attentivement ses boussoles, et c'est à lui qu'on doit certainement la découverte de la variation magnétique, dont il tint compte dans ses calculs. Mais ses pilotes s'inquiétaient fort en voyant ces boussoles « nord-ouester », suivant leur expression.

Le 14 septembre, les matelots de la *Nina* aperçurent une hirondelle et un paille-en-queue. La présence de ces oiseaux pouvait indiquer l'existence de terres rapprochées, car ils ne s'éloignent pas, ordinairement, à plus de vingt-cinq lieues en mer. La température était très-douce, le temps magnifique. Le vent soufflait de l'est et poussait les caravelles dans une direction favorable. Mais précisément cette persistance des vents d'est effrayait la plupart des marins, qui voyaient dans cette persistance même, si propice à l'aller, un obstacle au retour.

Le 16 septembre, on rencontra quelques touffes de varech encore fraîches, que le flot berçait. Mais la terre ne se montrait pas. Ces herbes provenaient vraisemblablement de roches sous-marines, et non des rivages d'un continent. Le 17, trente-cinq jours après le départ de l'expédition, on vit fréquemment des herbes flotter à la surface de la mer ; sur un de ces paquets herbeux, se trouvait même une écrevisse vivante, ce qui était un symptôme de la proximité des côtes.

Pendant les jours suivants, un grand nombre d'oiseaux, des fous, des paille-en-queue, des hirondelles de mer, volèrent autour des caravelles. Colomb se fondait sur la présence de ces oiseaux pour rassurer ses compagnons, qui commençaient à s'effrayer beaucoup de ne rencontrer aucune terre, après six semaines de traversée. Pour lui, il montrait une grande assurance, mettant toute sa confiance en Dieu. Il adressait souvent aux siens d'énergiques paroles, et, chaque soir, il les conviait à chanter le *Salve Regina* ou quelque autre hymne à la Vierge. À la parole de cet homme héroïque, si grand, si sûr de lui-même, si supérieur à toutes les faiblesses humaines, les équipages reprenaient courage et allaient en avant.

On pense bien que les matelots et les officiers des caravelles dévoraient du regard cet horizon de l'ouest vers lequel ils se dirigeaient. Tous avaient un intérêt pécuniaire à signaler le continent nouveau, car, au premier qui le découvrirait, le roi Ferdinand avait promis une somme de dix mille maravédis, qui font environ huit mille francs de notre monnaie.

Les derniers jours du mois de septembre furent animés par la présence d'un certain nombre de pétrels, de frégates, de damiers, grands oiseaux volant souvent par couple, ce qui démontrait qu'ils n'étaient point égarés. Aussi Christophe Colomb soutenait-il avec une inébranlable conviction que la terre ne pouvait être éloignée.

Le 1er octobre, l'Amiral annonça à ses compagnons qu'ils avaient fait cinq cent quatre-vingt quatre lieues dans l'ouest depuis l'île de Fer. En réalité, la distance parcourue par les caravelles était supérieure à sept cents lieues, et Christophe Colomb le savait bien, mais il persistait à dissimuler la vérité à cet égard.

Le 7 octobre, les équipages de la flottille furent mis en émoi par des décharges de mousqueterie qui partaient de la *Nina*. Les commandants, les deux frères Pinzon, croyaient avoir aperçu la terre. Mais on reconnut bientôt qu'ils s'étaient trompés. Cependant, comme ils affirmaient avoir vu des perroquets voler dans la direction du sud-ouest, l'Amiral consentit à modifier sa route de quelques points vers le sud. Or, cette modification eut des conséquences heureuses pour l'avenir, car, en continuant de courir droit à l'ouest, les caravelles auraient été données contre le grand banc de Bahama et s'y seraient probablement mises en perdition.

Cependant, la terre si ardemment désirée, n'apparaissait pas. Chaque soir, le soleil, descendant sur l'horizon, se plongeait derrière une interminable ligne d'eau. Les trois équipages, plusieurs fois victimes d'une illusion d'optique, commençaient à murmurer contre Colomb, « un Génois, un étranger », qui les avait entraînés si loin de leur patrie. Quelques symptômes de révolte se manifestèrent à bord, et, le 10 octobre, les matelots déclarèrent qu'ils n'iraient pas plus loin.

Ici, des historiens un peu fantaisistes, qui ont raconté le voyage de Christophe Colomb, parlent de scènes graves dont sa caravelle aurait été le théâtre. Suivant eux, sa vie eût été menacée par les révoltés de la *Santa-Maria*. Ils disent aussi qu'à la suite de ces récriminations et par une sorte de transaction, trois jours de répit auraient été accordés à l'Amiral, après lesquels, si la terre ne s'était pas montrée, la flotte devait reprendre la route de l'Europe. On peut affirmer que ces récits sont des contes dus à l'imagination des romanciers du temps. Rien dans les relations mêmes de Colomb ne peut permettre d'y ajouter foi. Mais il est convenable de les rapporter, car il ne faut rien omettre de ce qui touche le navigateur génois, et un peu de légende ne messied pas à cette grande figure de Christophe Colomb.

Quoi qu'il en soit, on murmurait à bord des caravelles, le fait n'est pas douteux, mais les équipages, relevés par les paroles de l'Amiral, par son énergique attitude en face de l'inconnu, ne se refusaient pas à la manœuvre.

Le 11 octobre, l'Amiral remarqua le long de sa caravelle un roseau encore vert, qui flottait sur une mer assez grosse. En même temps, l'équipage de la *Pinta* hissait à son bord un autre roseau, une planchette et un petit bâton qui paraissait avoir été taillé avec un instrument de fer. La main de l'homme avait évidemment laissé sa marque sur ces épaves. Presque au même moment, les hommes de la *Nina* apercevaient une branche d'épine à fleurs. Ce dont tous les esprits furent très-réjouis. On ne pouvait mettre en doute la proximité de la côte.

La nuit enveloppa alors la mer. La *Pinta*, la meilleure voilière de la flottille, tenait la tête. Déjà Christophe Colomb lui-même et un certain Rodrigo Sanchez, contrôleur de l'expédition, croyaient avoir observé une lumière qui se déplaçait dans les ombres de l'horizon, quand le matelot Rodrigo, de la *Pinta*, fit entendre ce cri : « Terre ! terre ! »

Que dut-il se passer à ce moment dans l'âme de Colomb ? Jamais homme, depuis l'apparition de la race humaine sur terre, éprouva-t-il une émotion comparable à celle que ressentit alors le grand navigateur ? Peut-être même est-il permis d'assurer que l'œil qui découvrit le premier ce nouveau continent fut celui de l'Amiral ? Mais peu importe : la gloire de Colomb, ce n'est pas d'être arrivé, c'est d'être parti.

Ce fut à deux heures de la nuit que la terre fut réellement reconnue. Les caravelles n'en étaient pas éloignées de deux heures. Tous les équipages entonnèrent d'une voix émue le *Salve Regina*.

Aux premiers rayons du soleil, on vit une petite île à deux lieues sous le vent. Elle faisait partie du groupe des Bahama. Colomb la nomma San-Salvador, et aussitôt, se mettant à deux genoux, il commença à dire, avec saint Ambroise et saint Augustin : « *Te Deum laudamus, te Dominum confitemur.* »

En ce moment, des naturels, entièrement nus, parurent sur la côte nouvelle. Christophe Colomb descendit dans sa chaloupe avec Alonzo et Yanez Pinzon, le contrôleur Rodrigo, le secrétaire Descovedo et quelques autres. Il accosta la terre, tenant à la main la bannière royale, tandis que les deux capitaines portaient la bannière de la croix verte sur laquelle s'entrelaçaient les chiffres de Ferdinand et d'Isabelle. Puis, l'Amiral prit solennellement possession de l'île au nom du roi et de la reine d'Espagne, et fit dresser procès-verbal de ces actes.

Pendant cette cérémonie, les indigènes entouraient Colomb et ses compagnons. Voici en quels termes, rapportés par M. Charton, d'après le récit même de Colomb, cette scène est racontée :

« Désirant leur inspirer (aux indigènes) de l'amitié pour nous, et persuadé, en les voyant, qu'ils se confieraient mieux à nous, et qu'ils seraient mieux disposés à embrasser notre sainte foi si nous usions de douceur pour les persuader, plutôt que si nous avions recours à la force, je fis donner à plusieurs d'entre eux des bonnets de couleur et des perles de verre qu'ils mirent à leur cou. J'ajoutai différentes autres choses de peu de prix ; ils témoignèrent une véritable joie, et ils se montrèrent si reconnaissants que nous en fûmes émerveillés. Quand nous fûmes sur les embarcations, ils vinrent à la nage vers nous, pour nous offrir des perroquets, des pelotes de fil de coton, des zagaies et beaucoup d'autres choses : en échange, nous leur donnâmes des petites perles de verre, des grelots et d'autres objets. Ils nous donnaient tout ce qu'ils avaient. Mais ils me parurent très-pauvres de toute manière. Les hommes et les femmes sont nus comme au sortir du sein de leur mère. Parmi ceux que nous vîmes, une seule femme était assez jeune, et aucun des hommes n'était âgé de plus de trente ans. Du reste, ils étaient bien faits, beaux de corps et agréables de figure. Leurs cheveux, gros comme des crins de queue de cheval, tombaient devant jusque sur leurs sourcils ; par derrière il en pendait une longue mèche qu'ils ne coupent jamais. Il y en a quelques-uns qui se peignent d'une couleur noirâtre ; mais naturellement ils sont de la même couleur que les habitants des îles Canaries. Ils ne sont ni noirs ni blancs ; y en a aussi qui se peignent en blanc, ou en en rouge, ou avec toute autre couleur, soit le corps entier, soit seulement la figure, ou les yeux, ou seulement le nez. Ils n'ont pas d'armes comme les nôtres et ne savent même pas ce que c'est. Quand je leur montrai des sabres, ils les prenaient par le tranchant et se coupaient les doigts. Ils n'ont pas de fer. Leurs zagaies sont des bâtons. La pointe n'est pas en fer ; mais quelquefois une dent de poisson ou quelque autre corps dur. Ils ont de la grâce dans leurs mouvements. Comme je remarquai que plusieurs avaient des cicatrices par le corps, je leur demandai, à l'aide de signes, comment ils avaient été blessés, et ils me répondirent, de la même manière, que des habitants des îles voisines venaient les attaquer pour les prendre, et qu'eux se défendaient. Je pensai et je pense encore qu'on vient de la terre ferme pour les faire prisonniers et esclaves ; ils doivent être des serviteurs fidèles et d'une grande douceur. Ils ont de la facilité à répéter vite ce qu'ils entendent. Je suis persuadé qu'ils se convertiraient au christianisme sans difficulté, car je crois qu'ils n'appartiennent à aucune secte. »

Lorsque Christophe Colomb retourna à son bord, un certain nombre de ces naturels suivit son embarcation à la nage. Le lendemain, qui était le 13 octobre, les naturels revinrent en foule autour des caravelles. Ils montaient de vastes pirogues taillées dans un tronc d'arbre, et dont quelques-unes pouvaient contenir quarante hommes ; ils les dirigeaient au moyen d'une sorte de pelle de boulanger. Plusieurs de ces sauvages portaient de petites plaques d'or suspendues à la cloison du nez. Ils paraissaient fort surpris de l'arrivée de ces étrangers, et pensaient vraisemblablement que ces hommes blancs étaient tombés du ciel. C'est avec respect et curiosité qu'ils touchaient les vêtements des Espagnols, les prenant sans doute pour un plumage naturel. L'habit écarlate de l'Amiral excita surtout leur admiration. Il était évident qu'ils considéraient

Colomb comme un perroquet d'une espèce supérieure. D'ailleurs, ils le reconnurent immédiatement pour le chef des étrangers.

Christophe Colomb et les siens visitèrent alors cette île nouvelle de San-Salvador. Ils ne pouvaient se lasser d'admirer son heureuse situation, ses magnifiques ombrages, ses eaux courantes, ses verdoyantes prairies. La faune y était peu variée. Les perroquets, au plumage chatoyant, abondaient sous les arbres et représentaient à eux seuls l'ordre des oiseaux. San-Salvador formait un plateau peu accidenté ; un petit lac en occupait la partie centrale ; aucune montagne n'en accidentait le sol. Cependant San-Salvador devait renfermer de grandes richesses minérales, puisque ses habitants portaient des ornements d'or. Mais ce précieux métal était-il tiré des entrailles de l'île ?

L'Amiral interrogea l'un de ces indigènes, et, par signes, il parvint à comprendre qu'en tournant l'île, et en naviguant vers le sud, il découvrirait une contrée dont le roi possédait de grands vases d'or et d'immenses richesses. Le lendemain, au point du jour, Christophe Colomb donna à ses caravelles l'ordre d'appareiller, et il se dirigea vers le continent indiqué, qui, suivant lui, ne pouvait être que Cipango.

Il faut faire ici une observation très importante, car elle résulte de l'état des connaissances géographiques à cette époque : c'est que Colomb se croyait arrivé aux terres d'Asie. Cipango est le nom que Marco Polo donne au Japon. Cette erreur de l'Amiral, partagée par tous ses compagnons, il faudra bien des années pour la reconnaître, et, ainsi que nous l'avons dit déjà, le grand navigateur après quatre voyages successifs aux îles, mourra sans savoir qu'il a découvert un nouveau monde. Il est hors de doute que les marins de Colomb, et Colomb lui-même, s'imaginaient avoir rencontré, dans cette nuit du 12 octobre 1492, soit le Japon, soit la Chine, soit les Indes. C'est ce qui explique comment l'Amérique porta si longtemps le nom d'« Indes occidentales », et pourquoi les naturels de ce continent sont encore désignés sous la dénomination générale d'« Indiens », au Brésil et au Mexique aussi bien qu'aux États-Unis.

Christophe Colomb songeait donc uniquement à atteindre les rivages du Japon. Il côtoya San-Salvador de manière à explorer sa partie occidentale. Les indigènes, accourant sur le rivage, lui offraient de l'eau et du cassave, sorte de pain fabriqué avec une racine nommée « yucca ». Plusieurs fois, l'Amiral débarqua sur différents points de la côte, et, il faut bien l'avouer, manquant aux devoirs de l'humanité, il fit enlever quelques Indiens dans l'intention de les conduire en Espagne. Ces malheureux, on commençait déjà à les arracher à leur pays, on ne devait pas tarder à les vendre ! Enfin, les caravelles, perdant de vue San-Salvador, s'aventurèrent en plein Océan.

Le destin avait favorisé Christophe Colomb en le conduisant ainsi au milieu de l'un des plus beaux archipels du monde entier. Toutes ces nouvelles terres qu'il allait découvrir, c'était comme un écrin d'îles précieuses dans lesquelles il n'avait qu'à puiser à pleines mains.

Le 15 octobre, au coucher du soleil, la flottille jeta l'ancre près de la pointe ouest d'une seconde île, qui fut nommée Conception, et qu'une distance de cinq lieues seulement séparait de San-Salvador. Le lendemain, l'Amiral accosta ce rivage avec des embarcations armées et préparées contre toute surprise. Les naturels, appartenant à la même race que ceux de San-Salvador, firent très-bon accueil aux Espagnols. Mais un vent du sud-est s'étant levé, Colomb rallia la flottille, et s'avançant encore de neuf lieues dans l'ouest, il découvrit une troisième île, à laquelle il donna le nom de Fernandina. C'est actuellement la Grande-Exuma.

Toute la nuit on resta en panne, et le lendemain, 17 octobre, de grandes pirogues vinrent entourer les caravelles. Les rapports avec les naturels étaient excellents. Les sauvages échangeaient paisiblement des fruits et de petites pelotes de coton pour des perles de verre, des tambours de basque, des aiguilles qui les séduisaient beaucoup, et de la mélasse dont ils se montraient très-friands. Ces indigènes de Fernandina, plus vêtus que leurs voisins de San-Salvador, étaient aussi plus civilisés ; ils habitaient des maisons faites en forme de pavillons et pourvues de hautes cheminées ; ces cases étaient fort propres à l'intérieur et très-bien entretenues. La côte occidentale de l'île, profondément échancrée, eût ouvert à cent vaisseaux un port large et magnifique.

Mais Fernandina n'offrait pas aux Espagnols ces richesses qu'ils convoitaient et qu'ils désiraient tant rapporter en Europe ; les mines d'or manquaient à ce sol. Cependant, les naturels, embarqués à bord de la flottille, parlaient toujours d'une île plus grande, située dans le sud et nommée Samoeto, sur laquelle on récoltait le précieux métal. Colomb mit donc le cap suivant la direction indiquée. Le vendredi 19 octobre, il mouilla pendant la nuit près de cette Samoeto, qu'il appela Isabelle, et qui est l'île Longue des cartes modernes.

A en croire les indigènes de San-Salvador, on devait trouver dans cette île un roi dont la puissance était grande ; mais l'Amiral l'attendit vainement pendant quelques jours ; ce grand personnage ne se montra pas. L'île Isabelle offrait un aspect délicieux avec ses lacs limpides et ses épaisses forêts. Les Espagnols ne se lassaient pas d'admirer ces essences nouvelles dont la verdure étonnait justement des yeux européens. Les perroquets volaient par troupes innombrables sous les arbres touffus, et de gros lézards très-vivaces, des iguanes sans doute, se glissaient prestement à travers les hautes herbes. Les habitants de l'île, qui s'étaient enfuis d'abord à la vue des Espagnols, se familiarisèrent bientôt et trafiquèrent des productions de leur sol.

Cependant, Christophe Colomb n'abandonnait pas son idée d'arriver aux terres du Japon. Les indigènes lui ayant indiqué dans l'ouest une grande île peu éloignée, qu'ils nommaient Cuba, l'Amiral supposa qu'elle devait faire partie du royaume de Cipango, et il ne douta pas d'atteindre avant peu la ville de Quinsay, autrement dite Hang-tcheou-fou, qui fut autrefois la capitale de la Chine.

C'est pourquoi, dès que les vents le permirent, la flottille leva l'ancre. Le jeudi 25 octobre, on eut connaissance de sept ou huit îles échelonnées sur une seule ligne, probablement les Mucaras. Christophe Colomb ne s'y arrêta pas, et le dimanche il arriva en vue de Cuba. Les caravelles mouillèrent dans un fleuve auquel les Espagnols donnèrent le nom de Saint-Sauveur ; puis, après une courte relâche, reprenant leur navigation vers le couchant, elles entrèrent dans un port situé à l'embouchure d'un grand fleuve, et qui devint plus tard le port de las Nuevitas del Principe.

Des palmiers nombreux croissaient sur les rivages de l'île, et leurs feuilles étaient si larges qu'une seule suffisait à couvrir les cabanes des naturels. Ceux-ci avaient pris la fuite à l'approche des Espagnols, qui trouvèrent sur la plage des espèces d'idoles à figure de femme, des oiseaux apprivoisés, des ossements d'animaux, des chiens muets et des instruments de pêche. Les sauvages de Cuba furent attirés par les moyens ordinaires, et ils firent des échanges avec les Espagnols.

Christophe Colomb se crut en terre ferme, et à quelques lieues à peine de Hang-tcheou fou. Et cette idée était tellement enracinée dans son esprit et dans celui de ses officiers qu'il s'occupa d'envoyer des présents au grand khan de la Chine. Le 2 novembre, il chargea un gentilhomme de son bord et un juif, parlant l'hébreu, le chaldéen et l'arabe, de se rendre auprès de ce monarque indigène. Les ambassadeurs, munis de colliers de perles, et auxquels on accorda six jours pour remplir leur mission, se dirigèrent vers les contrées de l'intérieur du prétendu continent.

Entre temps, Christophe Colomb remonta pendant deux lieues environ un beau fleuve qui coulait sous l'ombrage de grands bois odoriférants. Les habitants faisaient des échanges avec les Espagnols, et indiquaient fréquemment un endroit nommé Bohio, dans lequel l'or et les perles se trouvaient en abondance. Ils ajoutaient aussi que là vivaient des hommes à la tête de chien qui se nourrissaient de chair humaine.

Les envoyés de l'Amiral revinrent au port le 6 novembre, après quatre jours d'absence. Deux journées de marche avaient suffi pour les mener à un village composé d'une cinquantaine de huttes, dans lequel ils furent accueillis avec de grandes démonstrations de respect. On leur baisait les pieds et les mains ; on les prenait pour des dieux descendus du ciel. Entre autres détails de mœurs, ils racontèrent que les hommes et les femmes fumaient du tabac au moyen d'un tube bifurqué, en aspirant la fumée par les narines. Ces indigènes savaient se procurer du feu en frottant vivement deux morceaux de bois l'un contre l'autre. Le coton se trouvait en grande quantité dans des maisons, disposées en forme de tentes, et l'une d'elles en renfermait près de onze mille livres. Quant au grand khan, ils n'en virent pas l'ombre.

Signalons ici une seconde erreur commise par Christophe Colomb, erreur dont les conséquences, suivant Irving, changèrent toute la série de ses découvertes. Colomb, se croyant sur les côtes de l'Asie, regardait logiquement Cuba comme faisant partie du continent. Dès lors il ne songea plus à en faire le tour, et il prit la décision de revenir vers l'est. Or, s'il ne se fût pas trompé en cette occasion, s'il eût continué à suivre sa direction première, les résultats de son entreprise auraient été singulièrement modifiés. En effet, ou il eût été jeté vers la Floride, à la pointe de l'Amérique du Nord, ou il eût couru droit au Mexique. Dans ce dernier cas, au lieu de naturels ignorants et sauvages, qu'eût-il rencontré ? Ces habitants du grand empire des Aztèques, de ce royaume à demi civilisé de Montézuma. Là, il eût trouvé des villes, des armées, d'immenses richesses, et son rôle fût sans doute devenu celui de Fernand Cortez. Mais il ne devait pas en être ainsi, et l'Amiral, persévérant dans son erreur, revint vers l'est avec sa flottille, qui leva l'ancre le 12 novembre 1492.

Christophe Colomb côtoya l'île de Cuba en louvoyant ; il reconnut les deux montagnes du Cristal et du Moa ; il explora un port qu'il appela Puerto del Principe, et un archipel auquel il imposa le nom de mer de Notre-Dame. Chaque nuit, des feux de pêcheurs se montraient sur ces nombreuses îles, dont les habitants se nourrissaient d'araignées et de gros vers. Plusieurs fois les Espagnols atterrirent sur divers points de la côte, et ils y plantèrent des croix en signe de prise de possession.

Les indigènes parlaient souvent à l'Amiral d'une certaine île Babèque, où l'or était abondant. L'Amiral résolut de s'y rendre. Mais Martin-Alonzo Pinzon, le capitaine de la *Pinta*, dont la caravelle était la meilleure marcheuse de la flottille, prit les devants, et le 21 novembre, au lever du jour, il avait complètement disparu.

L'Amiral fut très contrarié de cette séparation, et on en trouve la preuve dans son récit, quand il dit : « Pinzon m'a dit et fait bien d'autres choses. » Il continua sa route en explorant la côte de Cuba, et découvrit la baie de Moa, la pointe du Mangle, la pointe Vaez, le port Baracoa ; mais nulle part il ne rencontra de cannibales, bien que les huttes des naturels fussent souvent ornées de crânes humains, ce dont se montrèrent très-satisfaits les indigènes embarqués à son bord.

Les jours suivants, on vit le fleuve Boma, et les caravelles, doublant la pointe de los Azules, se trouvèrent sur la partie orientale de l'île, dont elles venaient de reconnaître la côte pendant cent vingt-cinq lieues. Mais Colomb, au lieu de reprendre sa route au sud, s'écarta dans l'est, et, le 5 décembre, il eut connaissance d'une grande île que les Indiens appelaient Bohio. C'était Haïti ou Saint-Domingue.

Le soir, la *Nina*, sur l'ordre de l'Amiral, donna dans un port qui fut nommé Port-Marie. C'est actuellement le port Saint-Nicolas, situé près du cap de ce nom, à l'extrémité nord-ouest de l'île.

Le lendemain, les Espagnols reconnurent un très-grand nombre de caps, et un îlot appelé île de la Tortue. Les caravelles, dès qu'elles paraissaient, mettaient en fuite les pirogues indiennes. Cette île qu'elles côtoyaient paraissait très-vaste et très-haute, d'où lui vint plus tard la dénomination d'Haïti, qui signifie Terre élevée. La reconnaissance de ses rivages fut poussée jusqu'à la baie Mosquito. Les oiseaux qui voltigeaient sous les beaux arbres de l'île, ses plantes, ses plaines, ses collines, rappelaient au souvenir les paysages de la Castille. Aussi Christophe Colomb baptisa-t-il cette terre nouvelle du nom d'île Espagnole. Les habitants étaient très-craintifs et fort défiants ; on ne pouvait établir aucune relation avec eux ;

ils fuyaient à l'intérieur. Toutefois, quelques matelots parvinrent à s'emparer d'une femme qu'ils conduisirent à bord. Elle était jeune et assez jolie. L'Amiral lui donna des bagues, des perles, et un habillement dont elle avait absolument besoin ; enfin il la traita généreusement et il la renvoya à terre.

Ces bons procédés eurent pour résultat d'apprivoiser les naturels, et, le lendemain, neuf matelots bien armés, s'étant aventurés jusqu'à quatre lieues dans les terres, furent reçus avec respect. Les indigènes accouraient en foule au-devant d'eux et leur offraient toutes les productions du sol. Ces matelots revinrent enchantés de leur excursion. L'intérieur de l'île leur avait paru riche en cotonniers, en aloès, en lentisques et un beau fleuve, qui fut nommé plus tard le fleuve des Trois-Rivières, y déroulait ses eaux limpides.

Le 15 décembre, Colomb remit à la voile, et le vent le porta vers l'îlot de la Tortue, où il remarqua un cours d'eau navigable et une vallée si belle qu'il lui donna le nom de Vallée du Paradis. Le lendemain, en louvoyant dans un golfe profond, il aperçut un Indien qui manœuvrait habilement un petit canot, malgré la violence du vent. Cet Indien fut invité à venir à bord ; Colomb le combla de présents, puis il le débarqua à un port de l'île Espagnole, qui est devenu le port de la Paix.

Ces bons traitements rallièrent à l'Amiral tous les indigènes, et, depuis ce jour, ils vinrent en grand nombre au-devant des caravelles. Leur roi les accompagnait. C'était un jeune homme de vingt ans, bien constitué, vigoureux, avec un certain embonpoint. Il allait nu comme ses sujets et sujettes, qui lui témoignaient beaucoup de respect, mais sans aucune nuance d'humilité. Colomb lui fit rendre les honneurs dus à un souverain et en reconnaissance de ses procédés, ce roi, ou plutôt ce cacique, apprit à l'Amiral que les provinces de l'est regorgeaient d'or.

Le lendemain, un autre cacique vint mettre à la disposition des Espagnols tous les trésors de son pays. Il assista à la fête de Sainte-Marie que Colomb fit célébrer avec pompe sur son navire, qui avait été pavoisé pour la circonstance. Le cacique fut admis à la table de l'Amiral et fit honneur au repas ; après avoir goûté différents mets et différentes boissons, il envoyait les gobelets et les plats aux gens de sa suite. Ce cacique avait bon air ; il parlait peu et se montrait fort civil. Le repas terminé, il offrit quelques minces feuilles d'or à l'Amiral. Celui-ci lui présenta des pièces de monnaie sur lesquelles étaient gravés les portraits de Ferdinand et d'Isabelle, et, après lui avoir exprimé par signes qu'il s'agissait des plus puissants princes de la terre, il fit déployer en présence du roi indigène les bannières royales de la Castille. La nuit venue, le cacique se retira fort satisfait, et des salves d'artillerie saluèrent son départ.

Le jour suivant, les hommes de l'équipage plantèrent une grande croix au milieu de la bourgade, et quittèrent cette côte hospitalière. En sortant du golfe formé par l'île de la Tortue et l'île Espagnole, on découvrit plusieurs ports, caps, baies et rivières, à la pointe Limbé, une petite île qui fut nommée Saint-Thomas, enfin un très-vaste port, sûr et abrité, caché entre l'île et la baie d'Acul, et auquel donnait accès un canal entouré de hautes montagnes couvertes d'arbres.

L'Amiral débarquait souvent sur la côte. Les naturels l'accueillaient comme un envoyé du ciel et l'invitaient à demeurer parmi eux. Colomb leur prodiguait les grelots, les bagues de laiton, les grains de verre et autres bimbeloteries qu'ils prisaient fort. Un cacique nommé Guacanagari, souverain de la province du Marien, envoya à Colomb une ceinture ornée d'une figure d'animal à grandes oreilles, dont la langue et le nez étaient faits d'or battu. L'or paraissait être abondant dans l'île, et les naturels en apportèrent bientôt une certaine quantité. Les habitants de cette partie de l'île Espagnole semblaient supérieurs par l'intelligence et la beauté. Suivant l'opinion de Colomb, la peinture rouge, noire ou blanche dont ils enduisaient leur corps servait surtout à les préserver contre les atteintes du soleil. Les maisons de ces indigènes étaient jolies et bien construites. Lorsque Colomb les interrogeait sur le pays qui produisait de l'or, ces indigènes indiquaient vers l'est une contrée qu'ils nommaient Cibao, dans laquelle l'Amiral s'obstinait à voir le Cipango du Japon.

Le jour de Noël, un grave accident survint à la caravelle de l'Amiral. C'était la première avarie de cette navigation jusque-là si heureuse. Un timonier inexpérimenté tenait la barre de la *Santa-Maria* pendant une excursion hors du golfe de Saint-Thomas ; la nuit venue, il se laissa prendre par des courants qui le jetèrent sur des roches. La caravelle toucha et son gouvernail fut engagé. L'Amiral, réveillé au choc, accourut sur le pont. Il ordonna d'établir une ancre à l'avant, afin de se touer et de relever son navire. Le maître et quelques matelots chargés de l'exécution de cet ordre sautèrent dans la chaloupe ; mais, pris de frayeur, ils s'enfuirent à toutes rames du côté de la *Nina*.

Cependant, la marée baissait. La *Santa-Maria* s'engravait de plus en plus. Il fallut couper ses mâts pour l'alléger, et bientôt il devint urgent de transporter son équipage à bord de sa conserve. Le cacique Guacanagari, comprenant la fâcheuse situation de la caravelle, accourut avec ses frères, ses parents qu'accompagnaient un grand nombre d'Indiens, et il aida à décharger le bâtiment. Grâce à ses soins, pas un objet de la cargaison ne fut détourné, et pendant toute la nuit, des indigènes armés firent bonne garde autour des dépôts de provisions.

Le lendemain, Guacanagari se rendit à bord de la *Nina*, afin de consoler l'Amiral, et il mit toutes ses richesses à sa disposition. En même temps, il lui offrait une collation composée de pain, de chevrettes, de poissons, de racines et de fruits. Colomb, ému de ces témoignages d'amitié, forma le projet de fonder un établissement sur cette île. Il s'attacha donc à gagner les Indiens par ses présents et ses caresses ; puis, voulant aussi leur donner une idée de sa puissance, il fit décharger une arquebuse et un espingard, dont la détonation effraya beaucoup ces pauvres gens.

Le 26 décembre, les Espagnols commencèrent la construction d'une forteresse sur cette partie de la côte. L'intention de l'Amiral était d'y laisser un certain nombre d'hommes, approvisionnés de pain, de vin, de graines pour un an, et de leur abandonner la chaloupe de la *Santa-Maria*. Les travaux furent poussés activement.

Ce jour-là, on eut des nouvelles de la *Pinta*, qui s'était séparée de la flottille depuis le 21 novembre ; elle était ancrée dans une rivière à l'extrémité de l'île, disaient les naturels ; mais un canot envoyé par Guacanagari revint sans avoir pu la découvrir. Ce fut alors que Colomb, ne voulant pas continuer ses explorations dans les conditions où il se trouvait, et réduit à une seule caravelle depuis la perte de la *Santa-Maria* qui n'avait pu être renflouée, résolut de revenir en Espagne, et commença ses préparatifs de départ.

Le 2 janvier, Colomb donna au cacique le spectacle d'une petite guerre dont ce roi et ses sujets se montrèrent très-émerveillés. Puis, il fit choix de trente-neuf hommes destinés à la garde de la forteresse pendant son absence et il nomma pour les commander Rodrigo de Escovedo. La plus grande partie de la cargaison de la *Santa-Maria* leur était abandonnée et devait leur suffire pendant plus d'un an. Parmi ces premiers colons du nouveau continent, on comptait un écrivain, un alguazil, un tonnelier, un médecin et un tailleur. Ces Espagnols avaient mission de rechercher les mines d'or, et de marquer un emplacement favorable à la fondation d'une ville.

Le 3 janvier, après de solennels adieux adressés au cacique et aux nouveaux colons, la *Nina* leva l'ancre et sortit du port. Bientôt on découvrit un îlot que dominait un mont très-élevé auquel on donna le nom de Monte-Cristi. Christophe Colomb prolongeait la côte depuis deux jours déjà, quand on signala l'approche de la *Pinta*. Bientôt son capitaine, Martin Alonzo Pinzon, vint à bord de la *Nina*, et tenta d'excuser sa conduite. La vérité est que Pinzon n'avait pris les devants que pour atteindre cette prétendue île de Babèque que les récits des indigènes faisaient si riche. L'Amiral voulut bien se contenter des mauvaises raisons que lui donna le capitaine Pinzon, et il apprit que la *Pinta* n'avait fait que côtoyer l'île Espagnole, sans avoir reconnu aucune île nouvelle.

Le 7 janvier, on s'arrêta pour aveugler une voie d'eau qui s'était déclarée dans les fonds de la *Nina*. Colomb profita de cette relâche pour explorer un large fleuve situé à une lieue de Monte-Cristi. Les paillettes que ce fleuve charriait lui firent donner le nom de Rivière d'Or. L'Amiral aurait voulu visiter avec plus de soin cette partie de l'île Espagnole, mais ses équipages avaient hâte de revenir, et, sous l'influence des frères Pinzon, ils commençaient à murmurer contre son autorité.

Le 9 janvier, les deux caravelles remirent à la voile et se dirigèrent vers l'est-sud-est. Elles côtoyaient ces côtes dont on baptisait les moindres sinuosités, la pointe Isabélique, le cap de la Roca, le cap Français, le cap Cabron, et enfin la baie de Samana, située à l'extrémité orientale de l'île. Là s'ouvrait un port dans lequel la flottille, retenue par les calmes, jeta l'ancre. Les premières relations avec les naturels furent excellentes ; mais elles se modifièrent subitement Les échanges cessèrent, et certaines démonstrations hostiles ne permirent plus de douter des mauvaises intentions des Indiens. En effet, le 13 janvier, les sauvages s'élancèrent à l'improviste sur les Espagnols. Ceux-ci, malgré, leur petit nombre, firent bonne contenance, et, leurs armes aidant, ils mirent leurs ennemis en fuite, après quelques minutes de combat. Pour la première fois, le sang indien venait de couler sous une main européenne.

Le lendemain, Christophe Colomb retint à son bord quatre jeunes indigènes, et, malgré leurs réclamations, il mit a la voile. Ses équipages, aigris et fatigués, lui donnaient de graves ennuis, et, dans le récit de son voyage, cet homme, supérieur à toutes les faiblesses humaines et que le sort ne pouvait abattre, s'en plaint amèrement. Le 16 janvier, le voyage du retour commença véritablement, et le cap Samana, pointe extrême de l'île Espagnole, disparut à l'horizon.

La traversée fut rapide, et aucun incident ne se produisit jusqu'au 12 février. À cette date, les deux caravelles furent assaillies par une tempête terrible qui dura trois jours avec vents furieux, grosses vagues et éclairs du nord-nord-est. Trois fois les marins épouvantés firent vœu de pèlerinage à Sainte-Marie de Guadalupe, à Notre-Dame de Lorette et à Sainte-Claire de Moguer. Enfin tout l'équipage jura d'aller prier, pieds nus et en chemise, dans une église dédiée à Notre-Dame.

Cependant la tempête redoublait. L'Amiral, craignant une catastrophe, écrivit rapidement sur un parchemin le résumé de ses découvertes, avec prière à celui qui le trouverait de le faire parvenir au roi d'Espagne ; puis, enfermant ce document entouré de toile cirée dans un baril de bois, il le fit jeter à la mer.

Au lever du soleil, le 15 février, l'ouragan s'apaisa, les deux caravelles, séparées par la tempête, se rejoignirent, et, trois jours après, elles mouillaient à l'île Sainte-Marie, l'une des Açores. Aussitôt, l'Amiral s'occupa d'accomplir les vœux formés pendant l'orage ; il envoya donc la moitié de ses gens à terre ; mais ceux-ci furent retenus prisonniers par les Portugais, qui ne les rendirent que cinq jours plus tard, sur les réclamations énergiques de Colomb.

L'Amiral reprit la mer le 23 février. Contrarié par les vents et battu encore une fois par la tempête, il fit de nouveaux vœux avec tout son équipage, et s'engagea à jeûner le premier samedi qui suivrait son arrivée en Espagne. Enfin, le 4 mars, ses pilotes reconnurent l'embouchure du Tage, dans lequel la *Nina* put se réfugier, tandis que la *Pinta* était repoussée par les vents jusque dans la baie de Biscaye.

Les Portugais firent bon accueil à l'Amiral. Le roi lui accorda même une audience. Mais Colomb avait hâte de se rendre en Espagne. Dès que le temps le permit, la *Nina* reprit la mer, et le 15 mars, à midi, elle mouillait devant le port de Palos, après sept mois et demi de navigation, pendant lesquels Colomb avait découvert les îles de San-Salvador, Conception, Grande-Exuma, île Longue, îles Mucaras, Cuba et Saint-Domingue.

La cour de Ferdinand et d'Isabelle se trouvait alors à Barcelone. L'Amiral y fut mandé. Il partit aussitôt avec les Indiens qu'il ramenait du nouveau monde. L'enthousiasme qu'il excita fut extrême. De toutes parts les populations accouraient sur le passage du grand navigateur, et elles lui rendaient les honneurs royaux. L'entrée de Christophe

Colomb à Barcelone fut magnifique. Le roi, la reine, les grands d'Espagne le reçurent pompeusement au palais de la Députation. Là il fit le récit de son merveilleux voyage, puis il présenta les échantillons d'or qu'il avait rapportés, et toute l'assemblée, tombant à genoux, entonna le *Te Deum*.

Christophe Colomb fut alors anobli par lettres patentes, et le roi lui octroya des armoiries avec cette devise : « A Castille et à Léon, Colomb donne un nouveau monde. » Le nom du navigateur génois fut acclamé dans l'Europe entière ; les Indiens ramenés par lui reçurent le baptême en présence de toute la cour, et l'homme de génie, si longtemps pauvre et méconnu, s'éleva alors au plus haut point de la célébrité.

Chapitre III

Le récit des aventures du grand navigateur génois avait surexcité les esprits. Les imaginations entrevoyaient déjà des continents d'or situés au delà des mers. Toutes les passions qu'engendre la cupidité bouillonnaient dans les cœurs. L'Amiral, sous la pression de l'opinion publique, ne pouvait se dispenser de reprendre la mer dans le plus bref délai. Lui-même, d'ailleurs, avait hâte de retourner au théâtre de ses conquêtes et d'enrichir les cartes du temps de terres nouvelles. Il se déclara donc prêt à partir.

Le roi et la reine mirent à sa disposition une flottille composée de trois vaisseaux et de quatorze caravelles. Douze cents hommes devaient y prendre passage. Un certain nombre de nobles castillans n'hésitèrent pas à se lier à l'étoile de Colomb, et voulurent tenter la fortune au delà des mers. Des chevaux, du bétail, des instruments de toutes sortes, destinés à recueillir et à purifier l'or, des graines variées, en un mot tous les objets nécessaires à l'établissement d'une importante colonie, remplissaient la cale des bâtiments. Des dix indigènes ramenés en Europe, cinq retournaient à leur pays, trois restaient malades en Europe, deux étaient morts.

Christophe Colomb fut nommé capitaine général de l'escadre, avec des pouvoirs illimités.

Le 25 septembre 1403, les dix-sept navires sortirent de Cadix, toutes voiles dehors, aux applaudissements d'une foule immense. Le 1er octobre, ils relâchaient à l'île de Fer, la plus occidentale des Canaries. Après vingt-trois jours d'une navigation que le vent et la mer favorisèrent constamment, Christophe Colomb eut connaissance de terres nouvelles.

En effet, le 3 novembre, le dimanche dans l'octave de la Toussaint, au lever du soleil, le pilote du vaisseau-amiral *Marie-Galante* s'écria : « Bonne nouvelle ! voici la terre ! »

Cette terre, c'était une île couverte d'arbres. L'Amiral, la croyant inhabitée, passa outre, reconnut quelques îlots épars sur sa route et arriva devant une seconde île. La première fut nommée Dominique, la seconde Marie-Galante, noms qu'elles portent encore aujourd'hui. Le lendemain, une troisième île plus grande se montra aux Espagnols. Et, dit le récit de ce voyage fait par Pierre Martyr, contemporain de Colomb, « quand ils furent arrivés auprès, ils reconnurent que c'était l'île des infâmes Cannibales ou Caraïbes, dont on avait seulement ouï parler pendant le premier voyage. »

Les Espagnols, bien armés, descendirent sur ce rivage, où s'élevaient une trentaine de maisons de bois de forme ronde et couvertes de feuilles de palmier. À l'intérieur de ces huttes étaient suspendus des hamacs de coton. Sur la place se dressaient deux espèces d'arbres ou poteaux autour desquels deux grands serpents morts étaient enlacés. À l'approche des étrangers, les naturels s'enfuirent à toutes jambes, abandonnant un certain nombre de prisonniers qu'ils se préparaient à dévorer. Les matelots fouillèrent leurs cases, et ils trouvèrent des os de jambes et de bras, des têtes fraîchement coupées, encore moites de sang, et autres restes humains qui ne laissaient aucun doute sur le mode d'alimentation de ces Caraïbes.

Cette île, que l'Amiral fit explorer en partie et dont on reconnut les principales rivières, fut baptisée du nom de Guadeloupe, à cause de sa ressemblance avec une province de l'Estramadure. Quelques femmes dont les matelots s'étaient emparés furent renvoyées à terre, après avoir été bien traitées sur le vaisseau-amiral. Christophe Colomb espérait que sa conduite envers ces Indiennes déciderait les Indiens à venir à son bord. Mais son espoir fut déçu.

Le 8 novembre, l'Amiral donna le signal du départ et fit voile avec toute son escadre vers l'île Espagnole, actuellement Saint-Domingue, sur laquelle il avait laissé trente-neuf compagnons de son premier voyage. En remontant au nord, il découvrit une grande île à laquelle les indigènes, qu'il avait gardés à bord après les avoir sauvés de la dent des Caraïbes, donnaient le nom de Madanino. Ils prétendaient qu'elle n'était habitée que par des femmes, et comme la relation de Marco Polo citait une contrée asiatique uniquement occupée par une population féminine, Christophe Colomb eut toutes les raisons de croire qu'il naviguait le long des côtes de l'Asie. L'Amiral désirait vivement explorer cette île, mais le vent contraire l'empêcha d'y atterrir.

A dix lieues au delà, on reconnut une autre île, entourée de hautes montagnes, qui fut nommée Montserrat, le lendemain, une seconde île à laquelle on donna le nom de Sainte-Marie-Rotonde, et, le jour suivant, deux autres îles, Saint-Martin et Sainte-Croix.

L'escadre mouilla devant Sainte-Croix pour y faire de l'eau. Là se passa une scène grave que Pierre Martyr raconte en des termes qu'il convient de rapporter, car ils sont fort expressifs : « L'Amiral, dit-il, commanda que trente hommes de son navire descendissent en terre pour explorer l'île ; et ces hommes étant descendus à la rive, trouvèrent quatre chiens et autant d'hommes jeunes et femmes au rivage, venant au-devant d'eux, et tendant les bras comme suppliants et demandant aide et délivrance de la gent cruelle. Les Cannibales voyant cela, tout ainsi que dans l'île de Guadeloupe, fuyant, se retirèrent tous aux forêts. Et nos gens demeurèrent deux jours en l'île pour la visiter.

« Pendant ce temps, ceux qui étaient demeurés au navire virent venir de loin un canot ayant huit hommes et autant de femmes ; nos gens leur firent signe ; mais eux approchant, tant hommes que femmes, commencèrent à transpercer très-légèrement et très-cruellement de leurs sagettes les nôtres avant qu'ils eussent eu le loisir de se couvrir de leurs boucliers, en telle manière qu'un Espagnol fut tué d'un trait d'une femme, et celle même d'une autre sagette en transperça un autre.

« Ces sauvages avaient des sagettes envenimées, contenant le venin au fer ; parmi eux était une femme à laquelle obéissaient tous les autres et s'inclinaient devant elle. Et c'était, comme on pouvait apercevoir par conjecture, une reine, ayant un fils de cruel regard, robuste, de face de lion, qui la suivait.

« Les nôtres, donc, estimant qu'il valait mieux combattre main à main que d'attendre plus grands maux en bataillant ainsi de loin, avancèrent tellement leur navire à force d'avirons, et par si grande violence le firent courir, que la queue d'icelui, de roideur qu'il allait, enfonça le canot des autres au fond.

« Mais ces Indiens, très-bons nageurs, sans se mouvoir plus lentement ni plus fort, ne cessèrent de jeter force sagettes contre les nôtres, tant hommes que femmes. Et ils firent tant qu'ils parvinrent, en nageant, à une roche couverte d'eau, sur laquelle ils montèrent et bataillèrent encore virilement. Néanmoins ils furent finalement pris, et l'un d'eux fut occis, et le fils de la reine percé en deux endroits ; et furent emmenés en le navire de l'Amiral, où ils ne montrèrent pas moins de férocité et d'atrocité de face que si c'eussent été des lions de Libye, quand ils se sentent pris dans les filets. Et ils étaient tels que nul ne les eût pu bonnement regarder sans que d'horreur le cœur et les entrailles ne lui eussent tressailli, tant leur regard était hideux, terrible et infernal. »

On le voit, la lutte commençait à devenir sérieuse entre les Indiens et les Européens. Christophe Colomb reprit sa navigation vers le nord, au milieu d'îles « plaisantes et innombrables », couvertes de forêts que dominaient des montagnes de toutes couleurs. Cette agglomération d'îles fut appelée l'archipel des Onze mille Vierges. Bientôt apparut l'île Saint-Jean-Baptiste, qui n'est autre que Porto-Rico, terre alors infestée de Caraïbes, mais soigneusement cultivée et véritablement superbe avec ses bois immenses. Quelques matelots descendirent sur le rivage, et n'y trouvèrent qu'une douzaine de cases non habitées. L'amiral reprit alors la mer, et longea la côte méridionale de Porto-Rico pendant une cinquantaine de lieues.

Le vendredi 12 novembre, Colomb abordait enfin sur l'île Espagnole. On se figure de quelles émotions il devait être agité en revoyant le théâtre de ses premiers succès, en cherchant des yeux cette forteresse dans laquelle il avait abrité ses compagnons. Qu'était-il arrivé depuis un an à ces Européens abandonnés sur ces terres sauvages ? En ce moment, un grand canot, monté par le frère du cacique Guacanagari, vint au devant de la *Marie-Galante*, et cet indigène, s'élançant à bord, offrit deux images d'or à l'Amiral.

Cependant Christophe Colomb cherchait à apercevoir sa forteresse, et, bien qu'il fût mouillé en face de l'emplacement sur lequel il l'avait fait construire, il n'en voyait pas la moindre trace. Très-inquiet du sort de ses compagnons, il descendit à terre. Là, quelle fut sa stupéfaction, quand de cette forteresse il ne trouva plus que des cendres ! Qu'étaient devenus ses compatriotes ? Avaient-ils payé de leur vie cette première tentative de colonisation ? L'Amiral fit décharger à la fois toute l'artillerie des vaisseaux pour annoncer jusqu'au loin son arrivée devant l'île Espagnole. Mais aucun de ses compagnons ne parut.

Colomb, désespéré, envoya aussitôt des messagers au cacique Guacanagari. Ceux-ci, à leur retour, rapportèrent de funestes nouvelles. S'il fallait en croire Guacanagari, d'autres caciques, irrités de la présence des étrangers dans leur île, avaient attaqué ces malheureux colons et les avaient massacrés jusqu'au dernier. Guacanagari lui-même se serait fait blesser en les défendant, et pour preuve il montrait sa jambe entourée d'une bandelette de coton.

Christophe Colomb n'ajouta pas foi à cette intervention du cacique, mais il résolut de dissimuler, et le lendemain, lorsque Guacanagari vint à son bord, il lui fit bon accueil. Le cacique accepta une image de la Vierge qu'il suspendit sur sa poitrine. Il parut très-étonné à la vue des chevaux qu'on lui montra ; ces animaux étaient inconnus de ses compagnons et de lui. Puis, sa visite terminée, le cacique revint au rivage, regagna la région des montagnes, et on ne le revit plus.

L'Amiral dépêcha alors un de ses capitaines, avec trois cents hommes sous ses ordres, avec mission de fouiller le pays et de s'emparer du cacique. Ce capitaine s'enfonça dans les régions de l'intérieur, mais il ne retrouva aucune trace du cacique ni des infortunés colons. Pendant son excursion, il avait découvert un grand fleuve et un beau port très-abrité, qu'il nomma Port-Royal.

Cependant, malgré l'insuccès de sa première tentative, Colomb avait résolu de fonder une nouvelle colonie sur cette île, qui paraissait riche en métaux d'or et d'argent. Les naturels parlaient sans cesse de mines situées dans la province de Cibao. Deux gentilshommes, Alonzo de Hojeda et Corvalan, chargés de vérifier ces assertions, partirent au mois de janvier avec une nombreuse escorte ; ils découvrirent quatre fleuves dont les sables étaient aurifères, et ils rapportèrent une pépite qui pesait neuf onces.

L'Amiral, à la vue de ces richesses, fut confirmé dans la pensée que l'île Espagnole devait être cette célèbre Ophir dont il est parlé au livre des Rois. Il chercha un emplacement pour y bâtir une ville, et à dix lieues à l'est de Monte-Cristi, à l'embouchure d'une rivière qui formait un port, il jeta les fondements d'Isabelle. Le jour de l'Épiphanie, treize prêtres officièrent dans l'église en présence d'un immense concours de naturels.

Colomb songea alors à envoyer des nouvelles de la colonie au roi et à la reine d'Espagne. Douze navires, chargés de l'or recueilli dans l'île et des diverses productions du sol, se préparèrent à retourner en Europe sous le commandement du capitaine Torrès. Cette flottille mit à la voile le 2 février 1494, et peu de temps après, Colomb renvoya encore un des cinq navires qui lui restaient, avec le lieutenant Bernard de Pise, dont il avait à se plaindre.

Dès que l'ordre fut établi dans la colonie d'Isabelle, l'Amiral y laissa son frère, don Diègue, en qualité de gouverneur, et il partit avec cinq cents hommes, voulant visiter lui-même les mines de Cibao. Le pays que traversa cette petite troupe présentait une admirable fertilité ; les légumes y mûrissaient en treize jours ; le blé, semé en février, donnait de magnifiques épis en avril, et chaque année rapportait deux fois une moisson superbe. Des montagnes, des vallées furent franchies successivement ; souvent le pic dut être employé pour frayer une route à travers ces terres encore vierges, et les Espagnols arrivèrent enfin à la province de Cibao. Là, sur un coteau, près de la rive d'un grand fleuve, l'Amiral fit construire un fort en pierre et en bois ; il l'entoura d'un bon fossé, et lui donna le nom de Saint-Thomas, pour railler quelques-uns de ses officiers qui ne croyaient pas aux mines d'or. Et ils avaient mauvaise grâce à douter, car, de toutes parts, les indigènes apportaient des pépites, des grains d'or qu'ils échangeaient avec empressement contre des perles, et des grelots surtout, dont le son argentin les excitait à danser. Puis, ce pays n'était pas seulement le pays de l'or, c'était aussi le pays des épices et des aromates, et les arbres qui les produisaient formaient des forêts véritables. Les Espagnols ne pouvaient donc que se féliciter d'avoir conquis cette île opulente.

Après avoir laissé le fort Saint-Thomas à la garde de cinquante-six hommes, commandés par don Pedro de Margarita, Christophe Colomb reprit le chemin d'Isabelle vers le commencement d'avril. De grandes pluies contrarièrent son retour. À son arrivée, il trouva la colonie naissante dans un extrême désordre ; la disette menaçait par manque de farine, et la farine manquait faute de moulins ; soldats et ouvriers étaient épuisés par les fatigues. Colomb voulut obliger les gentilshommes à leur venir en aide ; mais ces fiers hidalgos si désireux de conquérir la fortune, ne voulaient même pas se baisser pour la ramasser, et ils refusèrent de faire le métier de manœuvres. Les prêtres les soutinrent, et Colomb, obligé de sévir, dut mettre les églises en interdit. Cependant, il ne pouvait prolonger son séjour à Isabelle ; il avait hâte de découvrir d'autres terres. Ayant formé un conseil destiné à gouverner la colonie, conseil composé de trois gentilshommes et du chef des missionnaires sous la présidence de don Diègue, le 24 avril, il reprit la mer avec trois navires pour compléter le cycle de ses découvertes.

La flottille descendit vers le sud. On découvrit bientôt une nouvelle île que les naturels appelaient Jamaïque. Le relief de cette île était formé par une montagne à pentes très-adoucies. Ses habitants paraissaient ingénieux et adonnés aux arts mécaniques, mais d'un caractère peu pacifique. Plusieurs fois, ils s'opposèrent au débarquement des Espagnols ; mais ils furent repoussés et finirent par conclure un traité d'alliance avec l'Amiral.

De la Jamaïque, Christophe Colomb poussa ses recherches plus à l'occident. Il se croyait arrivé au point où les géographes anciens plaçaient la Chersonèse, cette région d'or de l'occident. Des courants très-forts le rejetèrent vers Cuba, dont il prolongea la côte sur une étendue de deux cent vingt-deux lieues. Pendant cette navigation très-périlleuse, au milieu de gués et de passages étroits, il nomma plus de sept cents îles, reconnut un grand nombre de ports, et entra souvent en relation avec les indigènes.

Au mois de mai, les vigies des navires signalèrent un grand nombre d'îles herbeuses, fertiles et habitées. Colomb, se rapprochant de la terre, pénétra dans un fleuve, dont les eaux étaient si chaudes que nul ne pouvait y tenir la main ; fait évidemment empreint d'exagération et que les découvertes postérieures ne justifièrent jamais. Les pécheurs de cette côte employaient pour pécher un certain poisson nommé *rémora*, « qui remplissait près d'eux l'office du chien près du chasseur ».

« Ce poisson était de forme inconnue, ayant corps semblable à une grande anguille, et sur le derrière de la tête une peau très-tenante, à la façon d'une bourse pour prendre les poissons. Et ils tiennent ce poisson, lié d'une corde à l'esponde du navire, toujours en l'eau ; car il ne peut soutenir le *regard* de l'air. Et quand ils voient un poisson ou une tortue, qui là sont plus grandes que grands boucliers, alors ils délient le poisson en lâchant la corde. Et quand il se sent délié, soudain, plus vite qu'une flèche il (le rémora) assaille ledit poisson ou tortue, jette dessus sa peau en manière de bourse, et tient sa proie si fermement, soit poisson ou tortue, par la partie apparente hors de la coque, que nullement on ne lui peut arracher, si on ne l'arrache à la marge de l'eau, la corde petit à petit attirée et assemblée : car sitôt qu'il voit la splendeur de l'air, il laisse incontinent sa proie. Et les pêcheurs descendent autant qu'il est nécessaire pour prendre la proie, et la mettent dedans leur navire, et ils lient le poisson chasseur, avec autant de corde qu'il lui en faut pour le remettre en son siège et place, et, avec une autre corde, lui donnent pour récompense un peu de viande de la proie.

L'exploration des côtes continua vers l'occident. L'Amiral visita diverses contrées, dans lesquelles abondaient les oisons, les canards, les hérons, et ces chiens muets que les naturels mangeaient comme des chevreaux, et qui doivent être soit des almiguis, soit des ratons. Cependant, les passes sablonneuses se rétrécissaient de plus en plus ; les navires s'en tiraient difficilement. L'Amiral tenait pourtant à ne pas s'éloigner de ces rivages qu'il voulait reconnaître. Un jour, il crut apercevoir sur une pointe des hommes vêtus de blanc, qu'il prit pour des frères de l'ordre de Sainte-Marie de la Merced, et il envoya quelques matelots pour s'aboucher avec eux. Pure illusion d'optique : ces prétendus moines n'étaient que de grands hérons des Tropiques, auxquels l'éloignement donnait l'apparence d'êtres humains.

Pendant les premiers jours de juin, Colomb dut relâcher pour radouber ses navires, dont la carène était très-endommagée par les bas-fonds de la côte. Le 7 du même mois, il fit célébrer une messe solennelle sur la plage. Pendant l'office, un vieux cacique survint, qui, la cérémonie terminée, offrit quelques fruits à l'Amiral. Puis, ce souverain indigène prononça ces paroles que les interprètes traduisirent ainsi :

« Il nous a été rapporté de quelle manière tu as investi et enveloppé de ta puissance ces terres qui vous étaient inconnues, et comment ta présence a causé aux peuples et aux habitants une grande terreur. Mais je crois devoir t'exhorter et t'avertir que deux chemins s'ouvrent devant les âmes lorsqu'elles se séparent des corps : l'un, rempli de ténèbres et de tristesse, destiné à ceux qui sont molestes et nuisants au genre humain ; l'autre, plaisant et délectable, réservé à ceux qui en leur vivant ont aimé la paix et le repos des gens. Donc, s'il te souvient toi être mortel et les rétributions à venir être mesurées sur les œuvres de la vie présente, tu ne feras de molestation à personne. »

Quel philosophe des temps anciens ou modernes eût jamais mieux dit et en un plus sain langage ! Tout le côté humain du christianisme est empreint dans ces magnifiques paroles, et elles sortaient de la bouche d'un sauvage ! Colomb et le cacique se séparèrent enchantés l'un de l'autre, et le plus étonné des deux ne fut peut-être pas le vieil indigène.

Toute cette tribu, d'ailleurs, semblait vivre dans la pratique des excellents préceptes indiqués par son chef. La terre était commune entre les naturels, comme le soleil, l'air et l'eau. Le mien et le tien, cause de toute discorde, n'existaient point dans leurs usages, et ils vivaient contents de peu « Ils ont l'âge d'or, dit le récit, ils ne fossoient ni n'enferment de haies leurs possessions ; ils laissent leurs jardins ouverts, sans lois, sans livres, sans juges ; mais, de leur nature, suivant ce qui est juste, et réputant mauvais et injuste celui qui se délecte à faire injure à autrui. »

Quittant la terre de Cuba, Christophe Colomb revint vers la Jamaïque. Il en releva toute la côte sud jusqu'à son extrémité orientale. Son intention était d'assaillir les îles des Caraïbes et de détruire cette engeance malfaisante. Mais, à la suite de ses veilles et de ses fatigues, l'Amiral fut atteint d'une maladie qui l'obligea à suspendre ses projets. Il dut revenir à Isabelle, où, sous l'influence du bon air et du repos, il recouvra la santé, grâce aux soins de son frère et de ses familiers.

Du reste, la colonie réclamait impérieusement sa présence. Le gouverneur du fort Saint-Thomas avait soulevé les indigènes par ses cruelles exactions. Don Diègue, le frère de Christophe Colomb, lui avait fait des remontrances qui n'avaient pas été écoutées. Ce gouverneur, pendant l'absence de Colomb, était revenu à Isabelle, et s'était embarqué pour l'Espagne sur l'un des navires qui venaient d'amener à l'île Espagnole don Barthélémy, le second frère de l'Amiral.

Cependant, Colomb, revenu à la santé, ne pouvant laisser contester l'autorité qu'il avait déléguée à ses représentants, résolut de punir le cacique qui s'était révolté contre le gouverneur de Saint-Thomas. Avant tout, il envoya neuf hommes bien armés pour s'emparer d'un cacique redoutable nommé Caonabo. Leur chef, Hojeda, avec une intrépidité dont il donnera plus tard de nouvelles preuves, enleva le cacique au milieu des siens, et il le ramena prisonnier à Isabelle. Colomb fit embarquer cet indigène pour l'Europe ; mais le navire qui le portait fit naufrage, et on n'en entendit plus jamais parler.

Sur ces entrefaites, Antoine de Torrès, envoyé par le roi et la reine pour complimenter Colomb, arriva à Saint-Domingue avec quatre vaisseaux. Ferdinand se déclarait très satisfait des succès de l'Amiral, et il venait d'établir un service mensuel de transport entre l'Espagne et l'île Espagnole.

Cependant, l'enlèvement de Caonabo avait excité une révolte générale des indigènes. Ceux-ci prétendaient venger leur chef outragé et injustement déporté. Seul, le cacique Guacanagari, malgré la part qu'il avait prise au meurtre des premiers colons, demeurait fidèle aux Espagnols. Christophe Colomb, accompagné de don Barthélémy et du cacique, marcha contre, les rebelles. Il rencontra bientôt une armée de naturels dont le chiffre, évidemment exagéré, est porté par lui à cent mille hommes. Quoi qu'il en soit, cette armée fut mise en déroute par un simple détachement composé de deux cents fantassins, vingt-cinq chiens et vingt-cinq cavaliers. Cette victoire rétablit, en apparence, l'autorité de l'Amiral. Un tribut fut imposé aux vaincus. Les Indiens, voisins des mines, durent payer de trois mois en trois mois une petite mesure d'or, et les autres, plus éloignés, vingt-cinq livres de coton. Mais la révolte n'était que comprimée, et non éteinte. À la voix d'une femme, Anacaona, veuve de Caonabo, les indigènes se soulevèrent une seconde fois ; ils parvinrent même à entraîner dans leur révolte Guacanagari, jusque-là fidèle à Colomb ; puis, détruisant les champs de maïs et toutes les plantations, ils se rejetèrent dans les montagnes. Les Espagnols se virent alors réduits à toutes les horreurs de la disette, et ils se livrèrent contre les naturels à de terribles représailles. On affirme que le tiers de la population indigène périt par la faim, la maladie et les armes des compagnons de Colomb. Ces malheureux Indiens payaient cher leurs rapports avec les conquérants européens.

Christophe Colomb était entré dans la voie des revers. Tandis que son autorité se voyait de plus en plus compromise à l'île Espagnole, sa réputation et son caractère subissaient de violentes attaques en Espagne. Il n'était pas là pour se défendre, et les officiers qu'il avait renvoyés dans la mère patrie l'accusaient hautement d'injustice et de cruauté ; ils avaient même insinué que l'Amiral cherchait à se rendre indépendant du roi. Ferdinand, influencé par ces indignes propos, désigna un commissaire qu'il chargea d'apprécier les faits incriminés et de se rendre aux Indes occidentales. Ce gentilhomme se nommait Jean d'Aguado. Le choix de ce seigneur, destiné à remplir une mission de confiance, ne fut pas heureux. Jean d'Aguado était un esprit partial et prévenu. Il arriva au mois d'octobre au port d'Isabelle, à un moment où l'Amiral, occupé d'explorations, était absent, et il commença par traiter avec une extrême hauteur le frère de Christophe Colomb. Don Diègue, s'appuyant de son titre de gouverneur général, refusa de se soumettre aux injonctions du commissaire du roi.

Jean d'Aguado se disposait donc à rentrer en Espagne, ne rapportant que de très-incomplètes informations, quand un ouragan terrible engloutit dans le port les vaisseaux qui l'avaient amené. Il ne restait plus que deux caravelles à l'île Espagnole. Christophe Colomb, revenu au milieu de la colonie, agissant avec une grandeur d'âme qu'on ne saurait trop admirer, mit l'un de ces navires à la disposition du commissaire royal, à la condition qu'il s'embarquerait sur l'autre pour aller se justifier auprès du roi.

Les choses en étaient à ce point, quand de nouvelles mines d'or furent découvertes dans l'île Espagnole. L'Amiral suspendit son départ. La convoitise eut la puissance de couper court à toutes discussions. Il ne fut plus question ni du roi d'Espagne ni de l'enquête qu'il avait ordonnée. Des officiers se rendirent aux nouveaux terrains aurifères ; ils y trouvèrent des pépites dont quelques-unes pesaient jusqu'à vingt onces, et un bloc d'ambre d'un poids de trois cents livres. Colomb fit élever deux forteresses afin de protéger les mineurs, l'une sur la limite de la province de Cibao, l'autre sur les bords de la rivière Hayna. Cette précaution prise, ayant hâte de se justifier, il partit pour l'Espagne.

Les deux caravelles quittèrent le port Sainte-Isabelle le 10 mars 1496. Christophe Colomb avait à son bord deux cent vingt-cinq passagers et trente Indiens Le 9 avril, il toucha à Marie-Galante, et, le 10, il alla faire de l'eau à la Guadeloupe, où il eut un engagement assez vif avec les naturels. Le 20, il quitta cette île peu hospitalière, et, pendant un mois, il lutta contre les vents alisés. Le 11 juin, la terre d'Europe fut signalée, et le lendemain les caravelles entraient dans le port de Cadix.

Ce second retour du grand navigateur ne fut pas salué comme le premier par l'empressement des populations. À l'enthousiasme avaient succédé la froideur et l'envie. Les compagnons de l'Amiral eux-mêmes prenaient parti contre lui. En effet, découragés, désillusionnés, ne rapportant pas cette fortune pour laquelle ils avaient couru tant de dangers et subi tant de fatigues, ils se montraient injustes. Pourtant, ce n'était pas la faute de Colomb si les mines exploitées jusqu'ici coûtaient plus qu'elles ne rendaient.

Cependant, l'Amiral fut reçu à la cour avec une certaine faveur. Le récit de son second voyage ramena vers lui les esprits égarés. En somme, pendant cette expédition, n'avait-il pas découvert les îles Dominique, Marie-Galante, Guadeloupe, Monserrat, Sainte-Marie, Sainte-Croix, Porto-Rico, Jamaïque ? N'avait-il pas opéré une nouvelle reconnaissance de Cuba et de Saint-Domingue ? Colomb combattit donc vivement ses adversaires, et il employa même contre eux l'arme de la plaisanterie. À ceux qui niaient le mérite de ses découvertes, il proposa de faire tenir un œuf en équilibre sur l'une de ses extrémités, et comme ils ne pouvaient y parvenir, l'Amiral, cassant le bout de la coquille, plaça l'œuf sur sa partie brisée.

« Vous n'y aviez pas songé, dit-il. Eh bien, tout est là ! »

Chapitre IV

Christophe Colomb n'avait pas encore renoncé à poursuivre ses conquêtes au delà de l'océan Atlantique. Ni les fatigues, ni l'injustice des hommes ne pouvaient l'arrêter. Après avoir, non sans peine, triomphé du mauvais vouloir de ses ennemis, il parvint à organiser une troisième expédition sous les auspices du gouvernement espagnol. Le roi lui accorda huit vaisseaux, quarante cavaliers, cent fantassins, soixante matelots, vingt mineurs, cinquante laboureurs, vingt ouvriers de métiers divers, trente femmes, des médecins et même des musiciens. L'Amiral obtint, en outre, que toutes les peines en usage dans le royaume seraient changées en une déportation aux îles. Il devançait ainsi les Anglais dans cette idée si intelligente de peupler les colonies nouvelles avec des convicts que le travail devait réhabiliter.

Christophe Colomb mit à la voile le 30 mai de l'année 1498, bien qu'il souffrît de la goutte et qu'il fût encore malade des ennuis qu'il avait éprouvés depuis son retour. Avant de partir, il apprit qu'une flotte française le guettait au large du cap Saint-Vincent, afin d'entraver son expédition. Pour l'éviter, il se dirigea sur Madère où il relâcha ; puis, de cette île, il expédia vers l'île Espagnole tous ses navires moins trois, sous le commandement des capitaines Pedro de Arana, Alonzo Sanchez de Carabajal et Jean-Antoine Colomb, l'un de ses parents. Lui-même, avec un vaisseau et deux caravelles, il mit ensuite le cap au midi, dans l'intention de couper l'équateur et de chercher des terres plus méridionales, qui, suivant l'opinion généralement admise, devaient être plus riches en productions de toutes sortes.

Le 27 juin, la petite flottille toucha aux îles du Sel et de Santiago qui font partie de l'archipel du cap Vert. Elle en repartit le 4 juillet, fit cent vingt lieues dans le sud-ouest, éprouva de longs calmes et des chaleurs torrides, et, arrivée par le travers de Sierra-Léone, elle se dirigea directement vers l'ouest.

Le 31 juillet, à midi, un des matelots signala la terre. C'était une île située à l'extrémité nord-est de l'Amérique méridionale et fort rapprochée de la côte.

L'Amiral lui donna le nom de la Trinité, et tout l'équipage entonna le *Salve Regina* d'une voix reconnaissante. Le lendemain, 1er août, à cinq lieues du point signalé tout d'abord, le vaisseau et les deux caravelles mouillaient près de la pointe d'Alcatraz. L'Amiral fit descendre à terre quelques-uns de ses matelots pour renouveler ses provisions d'eau et de bois. La côte semblait inhabitée, mais on y remarquait de nombreuses empreintes d'animaux qui devaient être des chèvres.

Le 2 août, un long canot, monté par vingt-quatre naturels, s'avança vers les bâtiments. Ces Indiens, d'une belle stature, plus blancs de peau que les indigènes de l'île Espagnole, portaient sur leur tête un turban fait d'une écharpe de coton aux couleurs vives, et autour du corps une petite jupe de même étoffe. On essaye de les attirer à bord en leur présentant des miroirs et des verroteries ; les matelots, pour leur inspirer plus de confiance, commencèrent même des danses joyeuses ; mais les naturels, effrayés par le bruit du tambourin qui leur parut une démonstration hostile, répondirent par une nuée de flèches et se dirigèrent vers une des caravelles ; là, un pilote essaya encore de les apprivoiser en se rendant au milieu d'eux ; mais bientôt le canot s'éloigna et ne reparut plus.

Christophe Colomb reprit alors la mer, et découvrit une nouvelle île qu'il nomma Gracia. Mais ce qu'il prenait pour une île, c'était réellement la côte américaine, c'étaient ces rivages du Vénézuéla qui forment le delta de l'Orénoque, entrecoupé par les branches multiples de ce fleuve. Ce jour-là, le continent américain fut véritablement découvert par Colomb, quoique à son insu, dans cette partie du Vénézuéla qui se nomme province du Cumana.

Entre cette côte et l'île de la Trinité, la mer forme un golfe dangereux, le golfe de Paria, dans lequel un navire résiste difficilement aux courants, qui portent à l'ouest avec une extrême rapidité. L'Amiral se croyait en pleine mer, et il courut d'extrêmes périls dans ce golfe, parce que les fleuves du continent, gonflés par une crue accidentelle, précipitaient sur ses navires des masses d'eau considérables. Voici en quels termes Christophe Colomb raconte cet incident dans la lettre qu'il écrivit au roi et à la reine :

« À une heure avancée de la nuit, étant sur le pont, j'entendis une sorte de rugissement terrible : je cherchai à pénétrer l'obscurité, et tout à coup je vis la mer, sous la forme d'une colline aussi haute que le navire, s'avancer lentement du sud vers mes navires. Au-dessus de cette élévation, un courant arrivait avec un fracas épouvantable. Je ne doutais pas que nous ne fussions au moment d'être engloutis, et aujourd'hui encore j'éprouve à ce souvenir un saisissement douloureux. Par bonheur le courant et le flot passèrent, se dirigèrent vers l'embouchure du canal, y luttèrent longtemps, puis s'affaissèrent. »

Cependant, malgré les difficultés de cette navigation, l'Amiral, parcourant cette mer dont l'eau devenait de plus en plus douce à mesure qu'il s'élevait vers le nord, reconnut divers caps, l'un à l'est sur l'île de la Trinité, le cap de Pena-Blanca, l'autre à l'ouest sur le promontoire de

Paria, qui est le cap de Lapa ; il nota plusieurs ports, entre autres le port des Singes, situé à l'embouchure de l'Orénoque. Colomb prit terre vers l'ouest de la pointe Cumana, et reçut un bon accueil de la part des habitants, qui étaient nombreux. Vers l'occident, au delà de la pointe d'Alcatraz, le pays était magnifique, et les indigènes affirmaient qu'on y récoltait beaucoup d'or et de perles.

Colomb aurait voulu relâcher pendant quelque temps sur cette partie de la côte ; mais il n'y voyait aucun abri sûr pour ses vaisseaux. D'ailleurs sa santé sérieusement altérée, sa vue assez gravement atteinte, lui prescrivaient le repos, et il avait hâte, pour lui, comme pour ses équipages fatigués, d'atteindre le port Isabelle, il s'avança donc en suivant la rive vénézuélienne, et, autant qu'il le put, il entretint des relations avec les indigènes. Ces Indiens étaient de complexion magnifique et d'agréable physionomie ; leur installation domestique prouvait un certain goût ; ils possédaient des maisons à façades dans lesquelles se trouvaient quelques meubles assez adroitement tournés. Des plaques d'or ornaient leur cou. Quant au pays, il était superbe ; ses fleuves, ses montagnes, ses forêts immenses en faisaient comme une terre de prédilection. Aussi l'Amiral baptisa-t-il cette harmonieuse contrée du nom de Gracia, et, par une longue discussion, il a cherché à prouver que là fut autrefois le berceau du genre humain, ce paradis terrestre qu'Adam et Ève habitèrent si longtemps. Pour expliquer jusqu'à un certain point cette opinion du grand navigateur, il ne faut pas oublier qu'il croyait être sur les rivages de l'Asie. Ce lieu enchanteur fut nommé par lui les Jardins.

Le 23 août, après avoir surmonté, non sans danger, non sans fatigues, les courants de ce détroit, Christophe Colomb sortit du golfe de Paria par cette étroite passe qu'il appela la Bouche du Dragon, dont la dénomination s'est conservée jusqu'à nous. Les Espagnols, parvenus en pleine mer, découvrirent l'île de Tabago, située au nord-est de la Trinité, puis, plus au nord, la Conception, aujourd'hui Grenade. Alors l'Amiral mit le cap au sud-ouest et revint vers la côte américaine ; il la prolongea sur une étendue de quarante lieues, reconnut, le 25 août, l'île très-peuplée de Margarita, et enfin l'île de Cubaga, placée près de la terre ferme. En cet endroit, les indigènes avaient fondé une pêcherie de perles et s'occupaient de recueillir ce précieux produit. Colomb envoya un canot à terre et fit des échanges très-avantageux, car pour des débris de faïence ou des grelots, il obtint plusieurs livres de perles dont quelques-unes étaient fort grosses et d'un magnifique orient.

Arrivé à ce point de ses découvertes, l'Amiral s'arrêta. La tentation était grande d'explorer ce pays, mais les équipages et leurs chefs étaient épuisés. La route fut donnée de manière à rallier Saint-Domingue, où les intérêts les plus graves appelaient Christophe Colomb.

L'amiral, avant son départ, avait autorisé son frère à jeter les fondements d'une nouvelle ville. Dans ce but, don Barthélémy avait parcouru les diverses contrées de l'île. Ayant trouvé à cinquante lieues d'Isabelle un port magnifique, à l'embouchure d'un beau fleuve, il y traça les premières rues d'une cité qui devint plus tard la ville de Saint-Domingue. Ce fut en cet endroit que don Barthélémy fixa sa résidence, tandis que don Diègue restait gouverneur d'Isabelle. Ainsi donc, par leur situation, les deux frères de Colomb résumaient en leurs mains toute l'administration de la colonie. Mais déjà beaucoup de mécontents s'agitaient et étaient prêts à se révolter contre leur autorité. Ce fut dans ces circonstances que l'Amiral arriva à Saint-Domingue. Il donna raison à ses frères, qui, d'ailleurs, avaient sagement administré, et il fit une proclamation pour rappeler à l'obéissance les Espagnols révoltés. Puis, le 18 octobre, il fit partir cinq vaisseaux pour l'Espagne, avec un officier chargé de faire connaître au roi les nouvelles découvertes et l'état de la colonie, mise en danger par les fauteurs de désordre.

En ce moment, les affaires de Christophe Colomb prenaient en Europe une mauvaise tournure. Depuis son départ, les calomnies n'avaient cessé de s'accumuler contre ses frères et lui. Quelques révoltés, chassés de la colonie, dénonçaient cette envahissante dynastie des Colomb, et ils excitaient la jalousie d'un monarque vain et ingrat. La reine elle-même, jusque-là fidèle protectrice du marin génois, fut outrée en voyant arriver sur les vaisseaux un convoi de trois cents Indiens arrachés à leur pays et traités en esclaves. Mais Isabelle ignorait qu'un pareil abus de la force s'était accompli à l'insu de Colomb et pendant son absence. L'Amiral n'en fut pas moins jugé responsable, et pour connaître de sa conduite, la cour envoya à l'île Espagnole un commandeur de Calatrava, nommé François de Bovadilla, auquel furent donnés les titres d'intendant de justice et de gouverneur général. En réalité, c'était destituer Colomb. Bovadilla, investi de ce pouvoir discrétionnaire, partit avec deux caravelles vers la fin de juin 1500. Le 23 août, les colons aperçurent les deux navires qui cherchaient à entrer dans le port de Saint-Domingue.

Christophe Colomb et son frère don Barthélémy étaient alors absents. Ils faisaient élever un fort dans le canton de Xaragua. Don Diègue commandait pour eux. Bovadilla prit terre et vint entendre la messe, en déployant pendant cette cérémonie une ostentation très-significative ; puis, ayant mandé don Diègue par devers lui, il lui ordonna de résigner ses pouvoirs entre ses mains. Christophe Colomb, prévenu par un messager, arriva en toute hâte. Il prit connaissance des lettres patentes de Bovadilla, et, lecture faite, il voulut bien le reconnaître comme intendant de justice, mais non comme gouverneur général de la colonie.

Alors, Bovadilla lui remit une lettre du roi et de la reine qui était conçue en ces termes :

« Don Christophe Colomb, notre Amiral dans l'Océan,

« Nous avons ordonné au commandeur don François Bovadilla de vous expliquer nos intentions. Nous vous ordonnons d'y ajouter foi et d'exécuter ce qu'il vous dira de notre part.

« Moi, le Roi, moi, la Reine. »

Le titre de vice-roi, qui appartenait à Colomb suivant les conventions solennellement signées par Ferdinand et Isabelle, n'était pas même mentionné dans cette lettre. Colomb fit taire sa juste colère et se soumit. Mais contre l'Amiral disgracié se leva tout le camp des faux amis. Tous ceux qui devaient leur fortune à Colomb se tournèrent contre lui ; ils le chargèrent, ils l'accusèrent d'avoir voulu se rendre indépendant. Ineptes accusations ! Comment cette pensée fût-elle venue à un étranger, à un Génois, seul, au milieu d'une colonie espagnole !

Bovadilla trouva l'occasion bonne pour sévir. Don Diègue était déjà emprisonné ; le gouverneur fit bientôt mettre aux fers don Barthélémy et Christophe Colomb lui-même. L'Amiral, accusé de haute trahison, fut embarqué avec ses deux frères, et un vaisseau les conduisit en Espagne sous la conduite d'Alphonse de Villejo. Cet officier, homme de cœur, honteux du traitement que subissait Colomb, voulut lui ôter les liens qui l'attachaient. Mais Colomb refusa. Il voulait, lui, le conquérant du nouveau monde, arriver chargé de chaînes dans ce royaume d'Espagne qu'il avait enrichi !

L'Amiral eut raison d'en agir ainsi, car à le voir en cet état d'humiliation, lié comme un scélérat, traité comme un criminel, le sentiment public se révolta. La reconnaissance pour l'homme de génie se fit jour à travers les mauvaises passions si injustement surexcitées. Ce fut un soulèvement de colère contre Bovadilla. Le roi et la reine, entraînés par l'opinion, blâmèrent hautement la conduite du commandeur, et ils adressèrent à Christophe Colomb une lettre affectueuse, en l'invitant à se rendre à la cour.

Ce fut encore un beau jour pour Colomb. Il parut devant Ferdinand et Isabelle, non en accusé, mais en accusateur ; puis, le souvenir d'indignes traitements lui brisant la poitrine, le pauvre grand homme pleura et fit pleurer autour de lui. Il raconta sa vie fièrement. Lui qu'on accusait d'ambition, que l'on disait s'être enrichi dans l'administration de la colonie, il se montra tel qu'il était, presque sans ressources ! Oui ! celui qui venait de découvrir un monde ne possédait pas une tuile pour abriter sa tête !

Isabelle, bonne et compatissante, pleura avec le vieux marin, et fut quelque temps sans pouvoir lui répondre, tant les larmes la suffoquaient. Enfin, d'affectueuses paroles s'échappèrent de ses lèvres ; elle assura Colomb de sa protection ; elle lui promit de le venger de ses ennemis ; elle s'excusa du mauvais choix que l'on avait fait de ce Bovadilla pour l'envoyer aux îles, et elle jura d'en tirer un châtiment exemplaire. Toutefois, elle demandait à son Amiral de laisser passer quelque temps avant de le rétablir dans son gouvernement, afin de permettre aux esprits prévenus de revenir au sentiment de l'honneur et de la justice.

Christophe Colomb fut calmé par les gracieuses paroles de la reine ; il se montra satisfait de son accueil, et admit la nécessité de ce délai que lui demandait Isabelle. Ce qu'il voulait avant tout, c'était servir encore son pays, son souverain adoptif, et il faisait entrevoir de grandes choses à tenter dans la voie des découvertes. En effet, son troisième voyage, malgré sa courte durée, n'avait pas été infructueux, et la carte s'était enrichie de ces noms nouveaux, la Trinité, le golfe de Paria, la côte de Cumana, les îles Tabago, Grenade, Margarita et Cubaga.

Chapitre V

Christophe Colomb avait reconquis à la cour de Ferdinand et d'Isabelle toute la faveur qui lui était due. Peut-être le roi lui manifesta-il encore une certaine froideur ; quoique la reine le protégeât chaudement et ouvertement. Cependant son titre officiel de vice-roi ne lui fut pas encore rendu ; mais, en homme supérieur, l'Amiral ne réclama pas. Il eut d'ailleurs la satisfaction de voir Bovadilla destitué, autant pour ses abus de pouvoir que parce que sa conduite envers les Indiens était devenue atroce. L'inhumanité de cet Espagnol fut même poussée à ce point que, sous son administration, la population indigène de l'île diminua sensiblement.

Cependant, l'île Espagnole commençait à tenir les promesses de Colomb, qui ne demandait pas trois ans pour accroître de soixante millions les revenus de la couronne. L'or se récoltait en abondance dans les mines mieux exploitées. Un esclave avait déterré sur les bords de la rivière Hayna un bloc pesant trois mille six cents écus d'or. On pouvait déjà prévoir que les nouvelles colonies renfermaient d'incalculables richesses.

L'Amiral, ne pouvant demeurer inactif, demandait instamment à entreprendre un quatrième voyage, bien qu'il fût alors âgé de soixante-six ans. Les raisons qu'il faisait valoir en faveur de cette nouvelle expédition étaient très-plausibles. En effet, un an avant le retour de Colomb, le Portugais Vasco da Gama était revenu des Indes après avoir doublé le cap de Bonne-Espérance. Or, Colomb voulait, en s'y rendant par les routes de l'ouest, beaucoup plus sûres et beaucoup plus courtes, faire une concurrence sérieuse au commerce portugais. Il soutenait toujours, croyant avoir accosté les terres d'Asie, que les îles et continents découverts par lui n'étaient séparés des Moluques que par un détroit. Il voulait donc, sans même revenir à l'île Espagnole et aux colonies déjà installées, marcher droit à ce pays des Indes. On le voit, le vice-roi déchu redevenait le hardi navigateur de ses premières années.

Le roi acquiesça à la demande de l'Amiral, et lui confia, le commandement d'une flottille composée de quatre bâtiments, *le Santiago, le Gallego*, et *le Vizcaino*, une caravelle capitane. Le plus grand de ces navires ne jaugeait que soixante-dix tonneaux, le plus petit cinquante seulement. En réalité, ce n'étaient que des caboteurs.

Christophe Colomb quitta Cadix, le 9 mai 1502, avec cent cinquante hommes d'équipage. Il emmenait son frère Barthélémy et son second fils, Fernand, âgé de treize ans à peine, qu'il avait eu d'un second mariage.

Le 20 mai, les navires relâchaient à la Grande-Canarie, et, le 15 juin, ils atteignaient une des îles du Vent, la Martinique ; puis, ils touchaient à la Dominique, à Sainte-Croix, à Porto-Rico, et enfin, après une heureuse traversée, ils arrivaient le 29 juin devant l'île Espagnole.

L'intention de Colomb, conseillé en cela par la reine, était bien de ne pas mettre le pied sur cette île d'où il avait été si indignement chassé. Mais sa caravelle, de construction mauvaise, tenait mal la mer ; des réparations à sa carène devenaient urgentes. L'Amiral demanda donc au gouverneur la permission d'entrer dans le port.

Le nouveau gouverneur qui avait succédé à Bovadilla était un chevalier de l'ordre d'Alcantara, nommé Nicolas Ovando, homme juste et modéré. Cependant, par un excès de prudence, objectant que la présence de Colomb dans la colonie pourrait amener des désordres, il lui refusa l'entrée du port. Colomb renferma dans son cœur l'indignation que devait lui causer une telle conduite, et ce fut même par un bon avis qu'il répondit à ce mauvais procédé.

En effet, la flotte qui devait ramener Bovadilla en Espagne, et rapporter avec l'énorme bloc d'or d'immenses richesses, était prête à mettre à la voile. Mais le temps était devenu menaçant, et Colomb, avec sa perspicacité de marin, ayant observé les signes d'une prochaine tempête, fit engager le gouverneur à ne pas exposer ses navires et ceux qui les montaient. Ovando ne voulut tenir aucun compte du conseil de l'Amiral. Les bâtiments prirent la mer ; ils n'étaient pas arrivés à la pointe orientale de l'île qu'un ouragan terrible en fit périr vingt et un, corps et biens. Bovadilla et la plupart des ennemis de Christophe Colomb furent noyés, tandis que, par une exception pour ainsi dire providentielle, le navire portant les débris de la fortune des Colomb échappa au désastre. L'Océan venait d'engloutir dix millions d'or et de pierres précieuses.

Pendant ce temps, les quatre caravelles de l'Amiral, repoussées du port, avaient fui devant la tempête. Elles furent désemparées et séparées les unes des autres, mais elles parvinrent à se rejoindre. La bourrasque les avait portées le 14 juillet en vue de la Jamaïque. Là, de grands courants les amenèrent devant le Jardin de la Reine, puis dans la direction de l'est quart sud-ouest. La petite flottille lutta alors pendant soixante jours sans faire plus de soixante-dix lieues, et fut enfin rejetée vers la côte de Cuba, ce qui amena la découverte des îles Caïmans et de l'île des Pins.

Christophe Colomb refit alors route au sud-ouest au milieu de ces mers qu'aucun navire européen n'avait encore parcourues. Il s'élançait de nouveau dans la voie des découvertes avec toutes les émotions passionnées du navigateur. La fortune le conduisit vers la côte septentrionale de l'Amérique ; il reconnut l'île Guanaja le

30 juillet, et, le 14 août, il toucha au cap Honduras, cette langue de terre qui, prolongée par l'isthme de Panama, réunit les deux continents.

Ainsi donc, pour la seconde fois, Colomb accostait, sans le savoir, la véritable terre américaine. Il suivit les contours de ces rivages pendant plus de neuf mois, au milieu de périls et de luttes de tout genre, et il dressa le tracé de ces côtes, depuis l'endroit où fut depuis Truxillo jusqu'au golfe de Darien. Chaque nuit, il jetait l'ancre afin de ne pas s'éloigner de la terre, et il remonta jusqu'à cette limite orientale qui se termine brusquement par le cap de Gracias a Dios.

Ce cap fut doublé le 14 septembre, mais l'Amiral se vit assailli par des coups de vent tels que, lui, le plus vieux marin de ses équipages, n'en avait jamais subi de semblables. Voici dans quels termes sa lettre au roi d'Espagne raconte ce terrible épisode : « Pendant quatre-vingts jours, les flots continuèrent leurs assauts, et mes yeux ne virent ni le soleil, ni les étoiles, ni aucune planète ; mes vaisseaux étaient entr'ouverts, mes voiles rompues ; les cordages, les chaloupes, les agrès, tout était perdu ; mes matelots, malades et consternés, se livraient aux pieux devoirs de la religion ; aucun ne manquait de promettre des pèlerinages, et tous s'étaient confessés mutuellement, craignant de moment en moment de voir finir leur existence. J'ai vu beaucoup d'autres tempêtes, mais jamais je n'en ai vu de si longues et de si violentes. Beaucoup des miens qui passaient pour des matelots intrépides perdaient courage ; mais ce qui navrait profondément mon âme, c'était la douleur de mon fils, dont la jeunesse augmentait mon désespoir, et que je voyais en proie à plus de peines, plus de tourments qu'aucun de nous. C'était Dieu, sans doute, et non pas un autre, qui lui prêtait une telle force ; mon fils seul rallumait le courage, réveillait la patience des marins dans leurs durs travaux ; enfin, on eût cru voir en lui un navigateur qui aurait vieilli au milieu des tempêtes, chose étonnante, difficile à croire, et qui venait mêler quelque joie aux peines qui m'abreuvaient. J'étais malade, et plusieurs fois je vis l'approche de mon dernier moment... Enfin, pour mettre le comble à mon malheur, vingt années de service, de fatigues et de périls ne m'ont apporté aucun profit, car je me trouve aujourd'hui sans posséder une tuile en Espagne, et l'auberge seule me présente un asile lorsque je veux prendre quelque repos ou les repas les plus simples ; encore m'arrive-t-il souvent de me trouver dans l'impuissance de payer mon écot... »

Ces quelques lignes n'indiquent-elles pas de quelles suprêmes douleurs était abreuvée l'âme de Colomb ? Au milieu de tant de périls et d'inquiétudes, comment pouvait-il conserver l'énergie nécessaire à un chef d'expédition ?

Pendant toute la durée de la tempête, les navires prolongèrent cette côte qui porte successivement les noms de Honduras, de Mosquitos, de Nicaragua, de Costa-Rica, de Veragua et de Panama. Les douze îles Limonares furent découvertes pendant cette période. Enfin, le 25 septembre, Colomb s'arrête entre la petite île de la Huerta et le continent, puis, le 5 octobre, il part de nouveau et, après avoir relevé la baie de l'Almirante, il jette l'ancre en face du village de Cariay. Là, les navires furent réparés, et ils restèrent dans cette relâche jusqu'au 15 octobre.

Christophe Colomb se croyait alors arrivé non loin de l'embouchure du Gange, et les naturels, en lui parlant d'une certaine province de Ciguare, entourée par la mer, semblaient confirmer cette opinion. Ils prétendaient aussi que la contrée renfermait d'abondantes mines d'or, dont la plus importante était située à vingt-cinq lieues vers le sud. L'Amiral reprit donc la mer et commença à suivre la côte boisée de Veragua. Les Indiens, sur cette partie du continent, semblaient être très sauvages. Le 26 novembre, la flottille entra au port d'El Retrete, qui a formé le port actuel des Escribanos. Les bâtiments, rongés par les vers, étaient dans le plus triste état ; il fallut encore réparer leurs avaries et prolonger la relâche à El Retrete. Colomb ne quitta ce port que pour essuyer une tempête plus affreuse que les précédentes : « Pendant neuf jours, dit-il, je restai sans aucune espérance de salut. Jamais homme ne vit une mer plus violente et plus terrible ; elle s'était couverte d'écume ; le vent ne permettait ni d'aller en avant ni de se diriger vers quelque cap ; il me retenait dans cette mer, dont les flots semblaient être de sang ; son onde paraissait bouillir comme échauffée par le feu. Jamais je ne vis au ciel un aspect aussi épouvantable : ardent pendant un jour et une nuit comme une fournaise, il lançait sans relâche la foudre et les flammes, et je craignais qu'à chaque moment les voiles et les mâts ne fussent emportés. Le tonnerre grondait avec un bruit si horrible qu'il semblait devoir anéantir nos vaisseaux ; pendant tout ce temps la pluie tombait avec une telle violence que l'on ne pouvait pas dire que c'était la pluie, mais bien un nouveau déluge. Mes matelots, accablés par tant de peines et de tourments, appelaient la mort comme un terme à tant de maux ; mes navires étaient ouverts de tous côtés, et les barques, les ancres, les cordages, les voiles, tout était encore perdu. »

Pendant cette longue et pénible navigation, l'Amiral avait parcouru près de trois cent cinquante lieues. Ses équipages étaient à bout de forces. Il fut donc obligé de revenir sur ses pas et de regagner la rivière de Veragua ; mais, n'ayant pas trouvé un abri sûr pour ses navires, il se rendit non loin, à l'embouchure de la rivière de Bethléem, qui est aujourd'hui la rivière Yebra, dans laquelle il mouilla le jour de l'Epiphanie de l'année 1503. Le lendemain, la tempête recommençait, et même le 24 janvier, sous un gonflement subit du fleuve, les câbles des bâtiments se rompirent, et ils ne purent être sauvés qu'à grand'peine.

Cependant l'Amiral, n'oubliant pas le but principal de sa mission sur ces terres nouvelles, était parvenu à établir des relations suivies avec les indigènes. Le cacique de Bethléem se montrait accommodant, et il désigna, à cinq lieues à l'intérieur, une contrée où les mines d'or devaient être très riches. Le 6 février, Christophe Colomb expédia vers l'emplacement indiqué un détachement de soixante-dix hommes, sous la conduite de son frère Barthélémy. Après avoir franchi un sol très-accidenté et coupé par des rivières tellement sinueuses que l'une d'elles dut être traversée trente-neuf fois pendant le trajet, les Espagnols atteignirent les terrains aurifères. Ils étaient immenses et s'étendaient à perte de vue. L'or y était tellement abondant qu'un homme seul pouvait en recueillir une mesure en dix jours. En quatre heures, Barthélémy et ses compagnons en ramassèrent pour une somme énorme. Ils revinrent vers l'Amiral. Celui-ci, quand il connut ce résultat, résolut de s'établir sur la côte et fit construire des baraques en bois.

Les mines de cette région étaient véritablement d'une incomparable richesse ; elles semblaient inépuisables, et pour elles Colomb oublia Cuba et Saint-Domingue. Sa lettre au roi Ferdinand marque son enthousiasme à cet égard, et l'on peut être étonné de trouver sous la plume de ce grand homme cette curieuse phrase, qui n'est ni d'un philosophe, ni d'un chrétien : « L'or ! l'or ! excellente chose ! C'est de l'or que naissent les richesses, c'est par lui que tout se fait dans le monde, et son pouvoir suffit souvent pour envoyer les âmes en paradis ! »

Les Espagnols travaillaient donc avec ardeur à entasser l'or dans leurs vaisseaux. Jusqu'alors les relations avec les indigènes avaient été paisibles, bien que ces gens-là fussent d'humeur farouche. Mais bientôt le cacique, irrité de l'usurpation accomplie par les étrangers, résolut de les massacrer et de brûler leurs habitations. Un jour donc, il se jeta sur les Espagnols avec des forces considérables. Il y eut une bataille très-sérieuse. Les Indiens furent repoussés. Le cacique s'était laissé prendre avec toute sa famille ; mais ses enfants et lui parvinrent à s'échapper et ils gagnèrent la région des montagnes avec un grand nombre de leurs compagnons. Plus tard, dans le mois d'avril, les indigènes, formant une troupe considérable, attaquèrent une seconde fois les Espagnols, qui les exterminèrent en grande partie.

Cependant, la santé de Colomb s'altérait de plus en plus. Le vent lui manquait pour quitter cette relâche, il se désespérait. Un jour, épuisé de fatigue, il tomba et s'endormit. Dans son sommeil il entendit une voix compatissante qui lui dicta ces paroles que nous allons répéter textuellement, car elles sont empreintes d'une certaine religiosité extatique qui complète la personnalité du vieux navigateur. Voici ce que lui disait cette voix :

« Ô insensé ! pourquoi tant de lenteur à croire et à servir ton Dieu, le Dieu de l'univers ? Que fit-il de plus pour Moïse et pour David son serviteur ? Depuis ta naissance, n'a-t-il pas eu pour toi la plus tendre sollicitude ; et lorsqu'il te vit dans un âge où t'attendaient ses desseins, n'a-t-il pas fait glorieusement retentir ton nom sur la terre ? Les Indes, cette partie si riche du monde, ne te les a-t-il pas données ? Ne t'a-t-il pas rendu libre d'en faire l'hommage suivant ta volonté ? Quel autre que lui te prêta les moyens d'exécuter ses projets ? Des liens défendaient l'entrée de l'Océan ; ils étaient formés de chaînes que l'on ne pouvait briser. Il t'en donna les clefs. Ton pouvoir fut reconnu dans les terres éloignées, et ta gloire fut proclamée par tous les chrétiens. Dieu se montra-t-il plus favorable au peuple d'Israël lorsqu'il le retira de l'Égypte ? Protégea-t-il plus efficacement David, lorsque, de pasteur, il le fit roi de Judée ? Tourne-toi vers lui et reconnais ton erreur, car sa miséricorde est infinie. Ta vieillesse ne sera pas un obstacle pour les grandes choses qui t'attendent : il tient dans ses mains les plus brillants héritages. Abraham n'avait-il pas cent ans et Sarah n'avait-elle pas déjà dépassé sa première jeunesse lorsque Isaac naquit ? Tu appelles un secours incertain. Réponds-moi : qui t'a exposé si souvent à tant de dangers ? Est-ce Dieu ou le monde ? Les avantages, les promesses que Dieu accorde, il ne les enfreint jamais envers ses serviteurs. Ce n'est point lui qui, après avoir reçu un service, prétend que l'on n'a pas suivi ses intentions, et qui donne à ses ordres une nouvelle interprétation ; ce n'est point lui qui s'épuise pour donner une couleur avantageuse à des actes arbitraires. Ses discours ne sont point détournés ; tout ce qu'il promet il l'accorde avec usure. Il fait toujours ainsi. Je t'ai dit tout ce que le Créateur a fait pour toi ; en ce moment il te montre le prix et la récompense des périls et des peines auxquels tu fus en butte pour le service des autres. » Et moi, quoique accablé de souffrances, j'entendis tout ce discours ; mais je ne pus trouver assez de force pour répondre à des promesses si certaines ; je me contentai de pleurer sur mes erreurs. Cette voix acheva en ces termes : « Espère, prends confiance ; tes travaux seront gravés sur le marbre, et ce sera avec justice. »

Christophe Colomb, dès qu'il fut rétabli, songea à quitter cette côte. Il eût voulu y fonder un établissement, mais ses équipages n'étaient pas assez nombreux pour qu'il se risquât à en laisser une partie à terre. Les quatre caravelles étaient trouées par les vers. Il dut en abandonner une à Bethléem, et il mit à la voile le jour de Pâques. Mais à peine fut-il engagé de trente lieues en mer, qu'une voie d'eau se déclara dans l'un des navires. L'Amiral dut regagner la côte en toute hâte, et il arriva heureusement à Porto-Bello, où il laissa ce bâtiment dont les avaries étaient irréparables. La flottille ne se composait plus alors que de deux caravelles, sans chaloupes, presque sans provisions, et elle avait sept mille milles à parcourir. Elle remonta la côte, passa devant le port d'El Retrete, reconnut le groupe des Mulatas, et pénétra dans le golfe de Darien. Ce fut le point extrême atteint par Colomb dans l'est.

Le 1er mai, l'Amiral se dirigea vers l'île Espagnole ; le 10 mai, il était arrivé en vue des îles Caïmans ; mais il ne put maîtriser les vents qui le repoussèrent dans le nord-ouest jusqu'auprès de Cuba. Là, dans une tempête au milieu des bas-fonds, il perdit ses voiles, ses ancres, et ses deux navires se heurtèrent pendant la nuit. Puis, l'ouragan le rejetant dans le sud, il revint avec ses bâtiments fracassés à la Jamaïque, et il mouilla le 23 juin dans le port San-Gloria, devenu baie de Don Christophe. L'Amiral eût voulu gagner l'île Espagnole ; là se trouvaient les ressources nécessaires pour ravitailler ses navires, ressources qui manquaient absolument à la Jamaïque ; mais ses deux caravelles, rongées par les vers, « semblables à des ruches d'abeilles, » ne pouvaient impunément tenter cette navigation de trente lieues. Or, comment envoyer un message à Ovando, le gouverneur de l'île Espagnole ?

Cependant, les caravelles faisaient eau de toutes parts, et l'Amiral dut les échouer ; puis il essaya d'organiser la vie commune sur ces rivages Les Indiens lui vinrent d'abord en aide, et fournirent aux équipages les vivres dont ils avaient besoin. Mais ces malheureux matelots, si éprouvés, manifestaient leur mécontentement contre l'Amiral ; ils étaient prêts à se révolter, et l'infortuné Colomb, brisé par la maladie, ne quittait plus son lit de douleurs.

Ce fut dans ces circonstances que deux braves officiers, Mendez et Fieschi, proposèrent à l'Amiral de tenter sur des pirogues indiennes cette traversée de la Jamaïque à l'île Espagnole. En réalité, c'était un voyage de deux cents lieues, car il fallait remonter la côte jusqu'au port de la colonie. Mais les courageux officiers étaient prêts à affronter tous les périls, car il s'agissait du salut de leurs compagnons. Christophe Colomb, comprenant cette audacieuse proposition qu'en toute autre circonstance il eût faite lui-même, autorisa Mendez et Fieschi à partir. Puis l'Amiral, n'ayant plus de navires, presque sans vivres, demeura avec son équipage sur cette île sauvage.

Bientôt la misère de ces naufragés — on peut leur donner ce nom — fut telle qu'une révolte s'ensuivit. Les compagnons de l'Amiral, aveuglés par les souffrances, s'imaginèrent que leur chef n'osait pas retourner à ce port de l'île Espagnole dont le gouverneur Ovando lui avait déjà refusé l'entrée. Ils crurent que cette proscription les frappait eux-mêmes comme l'Amiral. Ils se dirent que le gouverneur, en excluant la flottille des ports de la colonie, ne devait avoir agi que sur les ordres du roi. Ces raisonnements absurdes montèrent des esprits déjà mal disposés, et enfin, le 2 janvier 1504, le capitaine de l'une des caravelles, le trésorier militaire, deux frères nommés Porras, se mirent à la tête des mécontents. Ils prétendaient revenir en Europe et se précipitèrent vers la tente de l'Amiral, en criant : Castille ! Castille !

Colomb était malade et couché. Son frère et son fils vinrent lui faire un rempart de leurs corps. Les révoltés, à la vue du vieil amiral, s'arrêtèrent, et leur fureur tomba devant lui. Mais ils ne voulurent pas écouter ses remontrance et ses conseils ; ils ne comprirent pas qu'ils ne pouvaient se sauver que par une entente générale, et que si chacun, s'oubliant lui-même, travaillait pour le salut commun. Non ! Leur parti était pris de quitter l'île quand même et par n'importe quel moyen. Porras et les révoltés coururent donc vers le rivage ; ils s'emparèrent des canots des indigènes et ils se dirigèrent vers l'extrémité orientale de l'île. Là, ne respectant plus rien, ivres de fureur, ils pillèrent les habitations indiennes, rendant ainsi l'Amiral responsable de leurs violences, et ils entraînèrent quelques malheureux naturels à bord des canots qu'ils leur avaient volés. Porras et les siens continuèrent leur navigation ; mais, à quelques lieues au large, ils furent surpris par un coup de vent qui les mit en grand péril, et, pour alléger leurs embarcations, ils jetèrent leurs prisonniers à la mer. Après cette barbare exécution, les canots essayèrent de gagner l'île Espagnole, ainsi que l'avaient fait Mendez et Fieschi, mais ils furent obstinément jetés sur les côtes de la Jamaïque.

Cependant l'Amiral, resté seul avec ses amis et les malades, parvint à rétablir l'ordre dans son petit monde. Mais la misère s'accroissait. La famine devenait menaçante. Les indigènes se lassaient de nourrir ces étrangers dont le séjour se prolongeait sur leur île. D'ailleurs, ils avaient vu les Espagnols se livrer bataille entre eux, ce qui avait tué leur prestige. Ces naturels comprenaient enfin que ces Européens n'étaient que de simples hommes, et ils apprirent ainsi à ne plus les respecter ni les craindre. L'autorité de Colomb sur ces populations indiennes diminuait donc de jour en jour, et il fallut une circonstance fortuite, dont l'Amiral profita habilement, pour lui refaire un prestige si nécessaire au salut de ses compagnons.

Une éclipse de lune, prévue et calculée par Colomb, devait avoir lieu un certain jour. Le matin même de ce jour, l'Amiral fit demander une entrevue aux caciques de l'île. Ceux-ci se rendirent à l'invitation, et quand ils furent réunis dans la tente de Colomb, celui-ci leur annonça que Dieu, voulant les punir de leurs mesures inhospitalières et de leurs mauvaises dispositions à l'égard des Espagnols, leur refuserait le soir la lumière de la lune. En effet, tout se passa comme l'avait annoncé l'Amiral. L'ombre de la terre vint cacher la lune, dont le disque semblait rongé par quelque monstre formidable. Les sauvages épouvantés se jetèrent aux pieds de Colomb, le suppliant d'intercéder le ciel en leur faveur, et promettant de mettre toutes leurs richesses à sa disposition. Colomb, après quelques hésitations habilement jouées, feignit de se rendre aux prières des indigènes. Sous prétexte d'implorer la divinité, il courut s'enfermer sous sa tente pendant toute la durée de l'éclipsé, et il ne reparut qu'au moment où le phénomène allait toucher à sa fin. Alors il annonça aux caciques que le ciel s'était laissé gagner, et, le bras étendu, il commanda à la lune de reparaître. Bientôt, le disque sortit du cône d'ombre, et l'astre des nuits brilla dans toute sa splendeur. Depuis ce jour, les Indiens, reconnaissants et soumis, acceptèrent cette autorité de l'Amiral que les puissances célestes leur imposaient si manifestement.

Pendant que ces événements se passaient à la Jamaïque, Mendez et Fieschi avaient depuis longtemps atteint leur but. Ces courageux officiers, après une miraculeuse traversée de quatre jours opérée dans un frêle canot, étaient arrivés à l'île Espagnole. Aussitôt ils firent connaître au gouverneur la situation désespérée de Christophe Colomb et de ses compagnons. Ovando, haineux et injuste, retint d'abord les deux officiers, et, sous prétexte de se rendre compte du véritable état de choses, il dépêcha vers la Jamaïque, après huit mois de retard, un homme à lui, un certain Diego Escobar, qui était l'ennemi particulier de l'Amiral. Escobar, à son arrivée à la Jamaïque, ne voulut pas communiquer avec Christophe Colomb ; il ne débarqua même pas ; il se contenta de mettre à terre, à la disposition des équipages en détresse, « un porc et un baril de vin ; » puis, il repartit sans avoir admis personne à son bord. La conscience se refuse à croire à de telles infamies, et malheureusement elles ne sont que trop réelles !

L'Amiral fut indigné, de cette cruelle raillerie ; mais il ne s'emporta pas, il ne récrimina point. L'arrivée d'Escobar devait rassurer les naufragés, car elle prouvait que leur situation était connue. La délivrance n'était donc plus qu'une affaire de temps, et le moral des Espagnols se releva peu à peu.

L'Amiral voulut tenter alors de ramener à lui Porras et les révoltés, qui, depuis leur séparation, ne cessaient de ravager l'île et d'exercer contre les malheureux indigènes d'odieuses cruautés. Il leur fit la proposition de rentrer en grâce auprès de lui ; mais ces insensés ne répondirent à ces généreuses ouvertures qu'en venant attaquer Colomb jusque dans sa retraite. Les Espagnols restés fidèles à la cause de l'ordre durent mettre les armes à la main. Les amis de l'Amiral défendirent vaillamment leur chef. Ils ne perdirent qu'un des leurs dans cette triste affaire, et ils restèrent maîtres du champ de bataille, après avoir fait prisonniers les deux frères Porras. Les révoltés se jetèrent alors aux genoux de Colomb, qui, tenant compte de leurs souffrances, pardonna.

Enfin, un an seulement après le départ de Mendez et de Fieschi, parut le navire, équipé par eux aux frais de Colomb, qui devait rapatrier les naufragés. Le 24 juin 1504, tous s'embarquèrent, et, quittant la Jamaïque, théâtre de tant de misères morales et physiques, ils firent voile vers l'île Espagnole.

Arrivé au port, après une bonne traversée, Christophe Colomb, à son grand étonnement, fut d'abord reçu avec beaucoup d'égards. Le gouverneur Ovando, en homme adroit qui ne veut pas résister à l'opinion publique, fit honneur à l'Amiral. Mais ces bonnes dispositions ne devaient pas durer. Bientôt les tracasseries recommencèrent. Alors, Colomb, ne pouvant plus, ne voulant plus les supporter, humilié, maltraité même, fréta deux navires, dont il partagea le commandement avec son frère Barthélémy, et, le 12 septembre 1504, il prit pour la dernière fois le chemin de l'Europe.

Ce quatrième voyage avait acquis à la science géographique les îles Caïmans, Martinique, Limonares, Guanaja, les côtes du Honduras, de Mosquitos, du Nicaragua, de Veragua, de Costa-Rica, de Porto-Bello, de Panama, les îles Mulatas et le golfe de Darien.

La tempête devait encore éprouver Colomb pendant sa dernière traversée de l'Océan. Son navire fut désemparé, et son équipage dut se transborder avec lui sur le navire de son frère. Le 19 octobre, un ouragan formidable vint encore briser le grand mât de ce bâtiment, qui dut faire sept cents lieues avec sa voilure incomplète. Enfin, le 7 novembre, l'Amiral entra dans le port de San-Lucar.

Une triste nouvelle attendait Colomb à son retour. Sa protectrice, la reine Isabelle, venait de mourir. Qui donc s'intéressera maintenant au vieux Génois ?

Le roi Ferdinand, ingrat et envieux, reçut froidement l'Amiral. Il ne lui ménagea ni les faux-fuyants, ni les lenteurs, espérant se dégager ainsi des traités solennellement signés de sa main, et il finit par proposer à Colomb une petite ville de la Castille, Camon de los Condes, en échange de ses titres et de ses dignités.

Tant d'ingratitude et de déloyauté accablèrent le vieillard. Sa santé, si profondément altérée, ne se releva plus, et le chagrin le conduisit au tombeau. Le 20 mai

1506, à Valladolid, âgé de soixante-dix ans, il rendit son âme à Dieu, en prononçant ces paroles : « Seigneur, je remets mon esprit et mon corps entre vos mains. »

Les restes de Christophe Colomb avaient d'abord été déposés dans le couvent de Saint-François ; puis, en 1513, ils furent placés dans le couvent des Chartreux de Séville. Mais il semblait que le repos ne dût pas être acquis au grand navigateur, même après sa mort. En l'an 1536, son corps fut transporté dans la cathédrale de Saint-Domingue. La tradition locale veut que, après le traité de Bâle, en 1795, lorsque le gouvernement espagnol, avant de livrer à la France la partie orientale de l'île de Saint-Domingue, ordonna la translation des cendres du grand voyageur à la Havane, un chanoine ait substitué d'autres restes à ceux de Christophe Colomb, et que ceux-ci aient été déposés dans le chœur de la cathédrale, à gauche de l'autel.

Grâce à la manœuvre de ce chanoine, inspiré soit par un sentiment de patriotisme local, soit par le respect des dernières volontés de Colomb, fixant Saint-Domingue comme lieu choisi de sa sépulture, ce ne seraient pas les cendres de l'illustre navigateur que l'Espagne posséderait à la Havane, mais probablement celles de son frère Diego.

La découverte qui vient d'être faite, le 10 septembre 1877, dans la cathédrale de Saint-Domingue, d'une boite de plomb contenant des ossements humains et dont l'inscription prouverait qu'elle renferme les restes du *découvreur* de l'Amérique, semble confirmer de tout point la tradition que nous venons de rapporter.

Au reste, que le corps de Christophe Colomb soit à Saint-Domingue ou à la Havane, peu importe : son nom et sa gloire sont partout.

La caravelle de Christophe Colomb[2].

De Noé à Christophe Colomb, l'architecture navale subit quelques modifications, et passa d'une médiocrité ineffable à une condition un peu moins précaire. J'ai lu quelque part, je ne sais quand, qu'un des bateaux de Colomb jaugeait quatre-vingt-dix tonnes. En comparant ce navire aux modernes «lévriers» de l'Océan, on peut se faire une idée de la petitesse des barques espagnoles, et convenir qu'elles seraient mal outillées pour soutenir de nos jours la concurrence et transporter des passagers à travers l'Atlantique. Il en faudrait soixante-quatorze pour représenter le tonnage du «Havel» et avaler une de ses fournées. Autant que je m'en souviens, il leur fallut dix semaines pour faire la traversée. Avec nos idées actuelles, ce serait peu goûté comme vitesse de marche. La caravelle avait probablement un capitaine, un second, quatre matelots et un mousse pour tout équipage. L'équipage d'un «lévrier» moderne comprend deux cent cinquante personnes.

Le navire de Christophe Colomb étant petit et très vieux, nous pouvons à coup sûr en déduire certains détails secondaires qui ont échappé à l'histoire. Par exemple, nous nous doutons un peu, qu'avec ses faibles dimensions il devait rouler, tanguer et «faire bouchon» en mer calme, pour ne plus poser que sur la tête ou sur la queue, et se coucher les oreilles dans l'eau, au moindre coup de mer; nous supposons que les lames devaient s'y promener comme chez elles et balayer son pont de l'avant à l'arrière; que les «violons» étaient installés à table en permanence, ce qui n'empêchait pas la soupe des hommes de passer plus souvent sur leurs genoux que dans leur estomac; que la salle à manger pouvait avoir dix pieds sur sept, était sombre, étouffée, puant l'huile à plein nez; que la seule cabine du bord, — grande comme une tombe — contenait une rangée de deux ou trois couchettes, étroites et étranglées comme des cercueils, et qu'une fois la lumière éteinte il y faisait une obscurité lugubre si compacte qu'on aurait pu mordre dedans et la mâcher comme un morceau de caoutchouc. Nous en déduirons encore qu'on ne pouvait se promener que sur le pont supérieur du gaillard d'arrière (car le bateau était taillé comme un soulier à haut-talon); en réalité cette promenade ne comportait qu'un piste de seize pieds de long sur trois de large, car tout le reste du navire était encombré de cardages et inondé par les flots.

Tout cela n'est pan douteux. Si nous considérons que ce petit bateau était un vieux «rafiot», il faut nous rendre à certaines autres évidences. Par exemple, il était infesté de rats et de cancrelats; par les gros temps, il y avait autant de jeu dans ses jointures qu'entre les doigts de votre main et il prenait l'eau comme un panier. Qui dit «voie d'eau» dit eau dans la cale; or, de l'eau dans la cale, c'est la mort sans phrases, l'asphyxie à bref délai provoquée par une odeur à côté de laquelle un fromage de Limbourg est un parfum exquis.

D'après ces données rigoureusement exactes, nous pouvons suffisamment nous figurer la vie journalière du grand explorateur. De grand matin il accomplissait ses dévotions devant le reliquaire de la Vierge. Sur le coup de huit heures, il faisait son apparition sur le pont-promenade du gaillard d'arrière. S'il faisait froid, il montait tout bardé de fer, depuis le casque à plume jusqu'à ses talons éperonnés, revêtu de l'armure damasquinée d'arabesques en or qu'il avait pris soin de chauffer auparavant au feu de la galère. S'il faisait chaud, il portait le costume ordinaire de la marine de l'époque: un grand chapeau rabattu en velours bleu, avec un panache ondoyant de plumes d'autruche blanches, retenu par une agrafe resplendissante de diamants et d'émeraudes; un pourpoint de velours vert tout brodé d'or, avec manches à crevés cramoisis; une large collerette et des manchettes de dentelles riches et souples; des chausses de velours rose, avec de superbes jarretières en ruban de brocart jaune; des bas de soie gris-perle élégamment brodés, des brodequins citron en chevreau mort-né, dont les tiges en entonnoir se rabattent pour faire valoir la coquetterie du bas gris-perle; d'amples gantelets en peau d'hérétique taillés par la Sainte-Inquisition dans la peau veloutée d'une grande dame; une rapière au fourreau incrusté de pierreries, retenue par un large baudrier rehaussé de rubis et de saphirs.

Christophe Colomb faisait les cent pas en méditant; il notait l'aspect du ciel et la vitesse du vent; il jetait un regard inquisiteur sur les herbes flottantes et les autres indices de la terre prochaine; puis, par manière de passe-temps, il gourmandait l'homme de barre; il sortait de sa poche un faux œuf, histoire de s'entretenir la main en le faisant tenir sur son gros bout (son tour classique); de temps en temps, il jetait une amarre à un matelot en train de se noyer sur le gaillard d'arrière; le reste de son quart, il bâillait et s'étirait, en jurant qu'il ne recommencerait pas ce voyage, fût-ce pour découvrir six Amériques. Car tel était Colomb dans sa simplicité naturelle, quand il ne posait pas pour la galerie.

A neuf heures, il faisait le point et déclarait avec aplomb que son brave navire avait fait trois cents yards en vingt-quatre heures, que désormais il était certain de «gagner la poule». — Tout un chacun peut gagner «la poule», quand personne d'autre que lui n'a le droit de toucher à la direction du bateau.

L'amiral déjeunait tout seul, en grande cérémonie: jambon, haricots et gin; à neuf heures, il dînait seul, en grande cérémonie: jambon, haricots, gin; à dix heures, il soupait seul, en grande cérémonie: jambon, haricots et gin; à onze heures du soir, il prenait son en-cas de nuit seul et en grande cérémonie: jambon, haricots et gin. Pendant aucun de ces festins, il n'y avait de musique; l'orchestre à bord est d'introduction moderne.

Après son dernier repas, l'amiral remerciait le ciel de toutes ses bénédictions, avec peut-être plus de gratitude qu'elles n'en valaient la peine, puis il dépouillait ses soyeuses splendeurs ou sa ferblanterie dorée, et s'introduisait dans son petit cercueil; là, après avoir soufflé son lumignon peu odorant, il commençait à se rafraîchir les poumons en aspirant par petites bouffées, alternativement, l'huile rance et l'eau de cale. Puis sa respiration se faisait plus sonore: il ronflait, et alors rats et cancrelats de surgir par brigades, divisions et corps d'armée pour danser en rond autour de lui. Telle était la vie journalière du grand explorateur dans son «saladier aquatique» pendant les quelques semaines qui ont fait de lui un grand homme; il me semble que la différence entre son navire, si confortable, et nos bateaux actuels n'échappe à aucun œil.

A son retour, nous dit l'histoire, le roi d'Espagne, émerveillé, lui dit:

—Ce navire me paraît faire eau quelque peu. Réellement, faisait-il eau tant que cela?

—Sire, jugez-en. Pendant ma traversée, j'ai vu pomper seize fois tout l'océan Atlantique.

C'est le chiffre donné par le Général Horace Porter. D'autres personnes fort autorisées disent quinze fois seulement.

Il est évident que les contrastes entre ce bateau et celui d'où j'écris cet article sont remarquables à plus d'un point de vue. Prenons le chapitre de la décoration, par exemple. En regardant de nouveau autour de moi, hier et aujourd'hui, j'ai noté plusieurs détails qui n'existaient certes pas à bord du navire de Colomb, ou au moins qui laissaient fort à désirer. Voici les portes du grand salon en bon chêne ciré, de trois pouces d'épaisseur. Voici les vestibules avec, aux murs, aux portes et aux plafonds, des panneaux de bois dur également ciré, tantôt clairs, tantôt foncés, d'une même série élégante et délicate, d'un ajustage rigoureusement hermétique; de belles mosaïques en carreaux bleus y sont incrustées, — quelques-unes de ces mosaïques ne comprennent pas moins de soixante carreaux, — et l'assemblage de ces carreaux est parfait. Voilà bien de hardies innovations. On aurait pu craindre qu'au premier jour de gros mauvais temps ces carreaux ne vinssent à se décoller et à tomber en miettes. Eh bien! non, il n'en est rien. Ceci est la preuve évidente que l'art de la menuiserie n'a pas mal progressé depuis le temps primitif où les bateaux étaient si mal ficelés qu'à la moindre poussée d'une mer un peu forte, toutes les portes se mettaient à battre. Passons à la salle à manger: les murs en sont ornés de gaies tapisseries, et au plafond je vois des fresques peintes à l'huile. Dans les autres endroits de réunion, voici de grands panneaux en cuir de Cordoue repoussé, avec dessins où l'on n'a ménagé ni l'or ni le bronze. Partout, je découvre de riches assemblages de couleurs, — de la couleur, partout de la couleur; tous les tons, toutes les teintes, toutes les variétés de couleurs.

Il en résulte que le bateau est clair et gai à l'œil, et que cette gaîté vous gagne l'âme en vous rendant joyeux. Pour bien apprécier la profonde impression que vous donne cette radieuse débauche de couleurs, il faut se tenir dehors, la nuit, dans l'épaisseur des ténèbres et la pluie, et regarder tout cela par un hublot, à la splendeur aveuglante de l'éclairage électrique.

Les vieux navires étaient sombres, laids, sans aucune grâce, d'une tristesse affreusement déprimante. Ils vous poussaient à un spleen inévitable. L'idée moderne est la bonne: entourer les passagers de confort, de luxe et d'une profusion de couleurs agréables à l'œil. Dans ces conditions, vous êtes presque tentés de dire qu'on ne se trouve nulle part mieux qu'à bord, — sauf peut-être chez soi.